U0459999

名师名校名校长

凝聚名师共识
回应名师关怀
打造名师品牌
培育名师群体

杨晓娟　蒋振东 / 著

深度学习视域下
小学科学
教与学

西安出版社

图书在版编目（CIP）数据

深度学习视域下小学科学教与学 / 杨晓娟，蒋振东
著. — 西安：西安出版社，2024.5
ISBN 978-7-5541-7558-3

Ⅰ.①深… Ⅱ.①杨… ②蒋… Ⅲ.①科学知识—教
学研究—小学 Ⅳ.①G623.62

中国国家版本馆CIP数据核字（2024）第106168号

深度学习视域下小学科学教与学
SHENDU XUEXI SHIYUXIA XIAOXUE KEXUE JIAOYUXUE

出版发行：西安出版社
社　　址：西安市曲江新区雁南五路 1868 号影视演艺大厦 11 层
电　　话：（029）85264440
邮政编码：710061
印　　刷：北京政采印刷服务有限公司
开　　本：787mm×1092mm　1 / 16
印　　张：14.75
字　　数：289千字
版　　次：2024 年 5 月第 1 版
印　　次：2024 年 6 月第 1 次印刷
书　　号：ISBN 978-7-5541-7558-3
定　　价：58.00 元

△本书如有缺页、误装等印刷质量问题，请与当地销售商联系调换。

目 录

第一章　深度学习视域下的科学教学观

新课标背景下小学科学核心概念的理解与教学实践……………………… 2

基于"深度学习"的小学科学"问题链"设计……………………… 9

小学科学逻辑思维能力培养的教学方法研究……………………… 14

在小学科学课堂教学中发展学生核心素养的教学研究……………………… 20

"基于模型找寻证据",小学科学地球宇宙领域深度学习感悟……………………… 26

围绕核心问题展开的小学科学单元起始课研究……………………… 34

第二章　深度学习视域下的物质科学领域教与学的实践

"光和影"教学设计 ……………………… 44

"让小车运动起来"教学设计 ……………………… 56

"神奇的小电动机"教学设计 ……………………… 64

"水珠从哪里来"教学设计 ……………………… 74

第三章　深度学习视域下的生命科学领域教与学的实践

"食物在身体里的旅行"教学设计 ……………………… 84

"食物在口腔里的变化"教学设计 ……………………… 105

"测量肺活量"教学设计 ……………………… 112

第四章　深度学习视域下的地球与宇宙领域教学怎样教

"比较不同的土壤"教学设计 ……………………… 130

"日食"教学设计 ……………………… 141

"认识几种常见的岩石"教学设计 ……………………… 159

"在星空中（一）"教学设计 ·························· 166

"雨水对土地的侵蚀"教学设计 ·························· 177

"风的研究"教学设计 ·························· 185

第五章　深度学习视域下的技术工程领域教学怎样教

"设计制作便携式干鞋器"教学设计 ·························· 196

第六章　科学教育加法

将生态文明教育有效融入小学科学课的研究 ·························· 208

通过小学科学课科学史教育培养学生批判思维策略的研究 ············· 217

我国小学科学教育中开展社会情感教育的意义、途径 ·················· 224

第一章

1

深度学习视域下的
科学教学观

新课标背景下小学科学核心概念的
理解与教学实践

——以"宇宙中的地球"核心概念学习为例

中国人民大学附属中学实验小学　杨晓娟

一、核心概念的内涵与外延

　　"地球与宇宙科学"是通过宇宙中的地球、地球系统、人类活动与环境三个学科核心概念，使学生从地球在宇宙中的位置、地球本身、人与自然的关系三个不同的视角，整体构建对地球和宇宙的认识框架，并从宇宙系统的结构与层次、地球系统的结构与要素间相互作用、人与环境系统的相互影响等方面逐步建构系统观念。

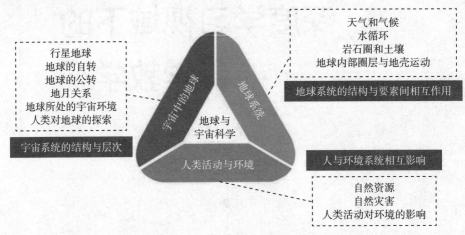

"地球与宇宙科学"内容结构

　　正如课标组郑永春老师所说，学科核心概念实际上是指学科核心思想，要想更准确地把握学科思想，我们需要借助一些学科专著来理解它。天文学家、天体物理学家卡尔·萨根在《宇宙》一书中描述宇宙是天地万物的总称。宇宙即一切，过去是，将来亦如是。从唯物辩证法的视角来理解这句话，即宇宙是物质的，并且宇宙具有空间尺度和时间尺度。德国博物学家海克尔在《宇宙之谜》一书中这样阐释：有着物质和能量这两个属性的宇宙实体处于永远的运动之中；这种运动是一种统一的进化过程，在无限的时间中进行着，并处于周期性的生灭交替、新陈代谢之中。这句话给我们的启发是物质不灭与能量守恒在不同尺度都成立，即使是对于宇宙的研究它仍然适用。其次，宇宙处于无限空间的变化之中，并在确定的时间序列上进行。我国航天事业奠基人、"两弹一星"功勋奖章获得者、杰出科学家钱学森教授也曾提出宇宙物质结构的五大层次，树立了统一而多层次的宇宙系统观，从哲学高度拓宽了我们认识宇宙的视野，理解了宇宙是由多个子系统构成的复杂巨系统。

综上所述，宇宙系统是由空间、时间、物质和能量所构成的统一体，它既有巨大的空间尺度，也有着漫长的时间尺度，是一切空间和时间的综合。

二、核心概念的育人价值

在自然科学的学科分类中，"宇宙中的地球"涉及三个不同的学科，兼具不同的学科价值。从天文学角度来看，主要研究宇宙中的各种天文现象，从而了解宇宙的起源和演化。从地球科学角度来看，主要研究地球以及相关自然现象。从航天领域角度来看，通过研制和发射航天器把科学仪器送入太空，探索地球和宇宙的奥秘。

人类对宇宙中地球的认识，是长期努力探索的结果，其教育价值对应素养目标的四个维度呈现：在科学观念上能够理解地球、月球、太阳的运动方式和规律，认识到地球的自转和公转形成了昼夜交替和四季变化等周期性的自然现象；在科学思维上能够发展空间想象、模型思维、逻辑推理等能力，初步建立基于时空尺度的世界观；在探究实践上通过长期观测、记录，找到地球与其他天体的运动规律；通过项目活动和制作模型、模拟实验等方式加深对宇宙系统的认识和理解。通过观念形成、思维养成、实践达成的过程，意识到人类对地球和宇宙的探索正在逐步揭开宇宙的奥秘，激发探索地球和宇宙的热情。

三、学习内容与内容进阶

（一）学习内容结构分析

"宇宙中的地球"主要包括了6项学习内容，6项学习内容都是围绕地球展开的，它们既有各自的内涵又相互联系，了解地球的过程，也是了解宇宙的过程。随着航天时代的来临，我们不能再坐地观天，我们要积极主动地从地球的视角认识宇宙（传统视角），更应当从宇宙的视角认识地球（新课标视角）。

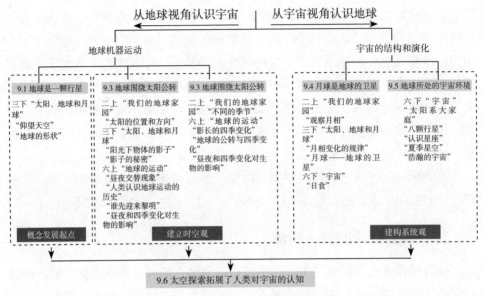

"宇宙中的地球"内容结构

从地球视角认识宇宙重点强调从学生身边可以感知的自然现象来认识地球的运动，有助于学生时空观的建立，即认识到空间、时间与具体实物运动存在一定的联系。从宇宙视角认识地球，选择了离地球最近的月球拓展到整个太阳系，再到银河系和整个宇宙，树立对宇宙结构和层次的认识，拓展了学生对地球所处环境的认知格局，有助于学生系统观念的建构与培养。

（二）内容进阶设计

逐一分析这6项学习内容。地球是一颗行星，这一内容是"宇宙中的地球"核心概念学习的起始。知道太阳系有八颗行星，地球是太阳系中的一颗行星，它是一个球体。对比学段内容要求和现行教科版教材会发现一个问题，依据课标小学阶段只在三至四年级设置该内容，而教材中对行星概念以及八大行星的认识是安排在六年级下册。因此，笔者的思考是在三下"太阳、地球和月球"单元的起始课"仰望星空"一课中除了收集和了解太阳与月球的特征信息，也能借助分享会和图片资料初步了解八颗行星的概况，帮助学生打通认知迁移的通道，建立以不同天体为运动单位的学习视角，为六年级进一步建构太阳系的完整概念做好铺垫。

地球作为太阳系的一颗行星，它自转的周期性运动形成了地球上人们肉眼可见的有规律的自然现象，小学阶段对于地球绕地轴自转的学习主要聚焦于太阳东升西落的现象及其引起的变化，学生经历观现象、探规律、辨因果的过程，从不同深度与广度掌握地球自转的概念，形成对太阳系运动的正确认知，并逐步建立时空观。本学习内容对应教材中低、中、高三个不同学段的单元，分别是二上"我们的地球家园"、三下"太阳、地球和月球"、六上"地球的运动"。

地球作为太阳系的行星，每年自西向东围绕着太阳进行公转，形成了四季有规律的自然现象。对此学习内容，低学段要求主要利用感官观察形成感觉经验，描述由于公转引起的季节变化现象，同时列举生活中常见的事例来说明季节变化对动植物的影响，对应教材中二上"我们的地球家园"。高学段在积累了大量感性材料的基础上，由自然现象（影长变化）的规律认识，发展到对公转规律的认识，并建立现象与规律之间的联系，对应教材中六上"地球的运动"。

"月球是地球的卫星"这一学习内容要求学生了解月球围绕地球运动，月相每月都在有规律地变化着。能够描述月球、地球和太阳的相对大小及它们的运动方式。针对2017年版课标中三至四年级"描述月相的变化规律"这一内容，由于教学中实施难度比较大，2022年版课标将其修订为"知道新月、上弦月、满月、下弦月四种月相，说明月相的变化情况"，降低难度，并从中年级提到高年级（五至六年级）。对月球的研究从一至二年级不借助任何工具进行初步观察，进阶为三至四年级借助望远镜或图片资料深入观察，五至六年级借助模型演示等手段对规律的认识和研究，七至九年级继续借助模型演示等手段进一步认识日、地、月的相对位置，知道日食和月食等自然现象形成的原因。通过进阶式的学习形成对地月系的清晰认识。本学习内容对应教材中的单元有二上"我们的地球家园"、三下"太阳、地球和月球"、六下"宇宙"。

"地球所处的宇宙环境"这一内容要求学生建立如下宏观认识：在无限的宇宙中，地球是很渺小的。太阳系有八颗行星，地球是其中之一，它们在太阳系中都有相应的位置，太阳系又是银河系中很小的一部分，宇宙中有无数星系，银河系又只是其中的一个。依据新课标小学阶段只在五至六年级设置该内容。相较于2017年版课标的相关内容，本学习内容有3个变化。第一，增加了借助软件来观察星空。第二，增加了"识别织女星、牛郎星等亮星"。第三，增加了"了解划分星座的意义"。一方面，通过星座划分的由来，掌握、识别星座的特征；另一方面，引导青少年对星座相关的衍生含义形成科学、正确的认识。通过这部分内容的学习，学生的研究视野由近及远，视域由小到大，从太阳系到银河系再到总星系，逐步建构起对宇宙系统观的认识框架。

学习内容"太空探索拓展了人类对宇宙的认知"在小学阶段设置于五至六年级，人类对太空的探索包括天文学和航天技术两个主要方面。在天文学方面，五至六年级重点让学生了解天文事业的发展史，知道天文学的发展离不开望远镜。望远镜不仅能让人们认识宇宙，还能让人们认识地球的渺小，形成更广阔的视野。

（三）学习进阶实践

本核心概念的学习贯穿基础教育的各个学段，同时在每个维度中体现进阶的理念。

科学观念维度要求学生从小学到初中，能逐渐从感知地球运动，到认识地球所处的宇宙环境，再到形成基本的宇宙空间观念。一至二年级，要求学生能观察和感知地球运动及其意义。三至四年级，要求学生能通过文本和图片资料，理解太阳系概况。五至六年级，要求学生进一步认识地球所处的宇宙环境，较完整地认识太阳系基本结构，理解一些自然现象的形成与地球的运动有关。七至九年级，要求学生构建宇宙模型，包括地球所处的宇宙环境、天体系统的结构层次，以及人类为认识宇宙开展的太空探索及其意义等。

科学思维维度要求学生从小学到初中，能逐渐从利用感官辨认方向，到借助工具探索自然现象，到利用模型理解天体运动与自然现象的关系，再到运用经纬度等地图技能构建清晰的地球在宇宙中的地位。一至二年级培养学生的直觉思维，要求学生利用感官直观地观察现象并描述，建立初步的方向感。三至四年级拓展学生的直觉思维，要求学生通过工具拓展感官认知，能对观察到的现象提出疑问并设计简单的探究过程。五至六年级注重培养学生的抽象思维能力，要求学生借助模型理解天体运动规律，并就天体运动与自然现象的关系做出合理关联。七至九年级发展学生的空间思维能力，要求学生借助经纬度等地图技能实现思维从平面向三维立体的空间转变，构建较为完整的太阳系以及地球在宇宙中的地位的清晰认知。

探究实践维度要求学生从小学到初中，能逐渐从有指导地观察、记录，到借助工具和模型独立探究，解释自然现象与天体运动的关系。一至二年级，要求学生能在家长的帮助下用眼睛观察，用画画的方式或借助相机等记录月亮的形状变化。三至四年级，要求学生能在教师引导下观察、测量和记录一天中物体影长的变化。五至六年级，要求学生动手制作简单模型，解释相关自然现象的成因。

态度责任维度要求学生从小学到初中，能逐渐从好奇心到持续的兴趣养成、再到敢于质疑和追求真理，树立科学态度。一至二年级，要求学生对季节变化等自然现象具有好奇心和探究、分享的兴趣。三至四年级，进一步激发学生的探究兴趣，具有根据事实提出观点的意识。五至六年级，要求学生关注重要天文现象和太空探测典型事例，具有探索太空的好奇心和民族自豪感。

四、核心概念的跨学科理解

"宇宙中的地球"这一核心概念的跨学科理解可以从物质与能量、系统与模型、稳定与变化这三个视角展开。

（一）物质与能量

首先让学生认识到地球、太阳都是物质的，地球磁场也是物质的，现代宇宙观测发现了星际分子。重要的是，到目前为止，所有陨石、月岩、火星土壤、彗核及星际物质中的元素都可以在地球上找到。因此，宇宙也是物质的。

天体在引力场的作用下产生了天体运动的公转和自转，能量是一切运动物质的共同特性，运动着的天体也具有能量。当卫星围绕地球做椭圆轨道运动时，只有万有引力做功。引力做功的过程，就是把引力势能变为动能的过程，机械能守恒。因此，物质不灭和能量守恒在不同尺度都成立，有助于学生从宇宙的角度形成"物质与能量"这一跨学科概念。

（二）系统与模型

本核心概念有大量系统与模型的案例，如宇宙模型、太阳系模型、地球模型。

地月系模型可让学生理解地球、月球和太阳等天体的运动规律，解释相关自然现象的成因；太阳系模型是太阳系的简化表示，反映了太阳系中太阳和各主要行星的位置排列这一主要特征。研究宇宙时，宇宙就是系统，人们通过观察，建立了地心说、日心说等简化的宇宙模型。这些学习内容有利于学生从天体运行的角度形成"系统与模型"的跨学科概念。

（三）稳定与变化

在地球与宇宙科学领域，有很多现象反映了稳定与变化的特点。例如，地球的自转和公转是时刻发生的，这是一种变化，但是这变化又是周期性循环往复的，从而体现了稳定的特点。在地球运动中，地球的转轴在短时期内看不出变化，可以认为方向不变，但是长时期看则会发现有明显的变化。地球的运动类似陀螺，地球在绕地轴自转的同时，地轴也在太空中缓慢地转动。

课堂教学策略的有效应用将帮助学生更好地理解"宇宙中的地球"这一核心概念，首先可以引导学生通过观察生活中的现象，了解地球、月球和太阳等天体的运行规律，通过长期观察认识昼夜、季节、节气等自然现象的周期变化。其次，引导学生通过模拟实验、模型制作等方式，把天体运动具象化，帮助学生建立空间观念，激发对地球和宇宙的探究兴趣。一至三年级可以尝试用模拟实验验证假说，解释原因。四至六年级注重模型的应用来建立天体之间的相对运动关系。最后，借助信息技术手段，让学生通过观看动画演示或纪录片，加深对天体系统的大小、相对位置、层次等概念的认识。这里给教师提供一些可利用的网站和教学软件，例如NASA，这个网站可以实时动画，多维度了解太阳系家族。天文常用教学软件——虚拟天文馆，能够让学生感受昼夜变化，回顾日月食现象，还能追击河外星系。微信小程序"超级月亮"，通过虚实结合，身临其境地经历一次完整的月相观测。教师也可以自己制作小动画，帮助学生更好地理解天体之间相对运动关系，从而对天文现象的成因有更直观的体验和思考。

参考文献：

[1]高云峰.科学教育中的跨学科概念：物质与能量［J］.湖北教育（科学课），2022（9）：5-9.

[2]高云峰.科学教育中的跨学科概念：系统与模型［J］.湖北教育（科学课），2022（22）：5-9.

[3]胡卫平，刘守印.义务教育科学课程标准（2022年版）解读［M］.北京：高等教育出版社，2022.

基于"深度学习"的小学科学"问题链"设计

中国人民大学附属中学实验小学　杨晓娟

随着新一轮基础教育的改革，发展学生核心素养的提出，深度学习的研究愈加深入。目前关于深度学习，国内外的研究已有很多，笔者通过查阅文献，概括出深度学习的三个基本特征：注重培养批判性思维等高阶思维、强调知识的迁移以及面向问题的解决。深度学习可以理解为一个过程，个体通过这一过程，能够将在一种情境中所学的知识应用于新情境中。当他们认识到新的问题或情境与此前学到的知识发生关联时，他们就能够运用自己的知识和技能来解决这些问题。

如何在教学中实现深度学习呢？笔者认为，在小学科学教学中可以通过合理的问题链设计来实现。问题链是教师为了达成一定的教学目标，在学生已有的知识和经验基础之上，针对学生学习过程中将要产生或可能产生的困惑，将教材知识转化为层次鲜明、具有系统性的一连串的教学问题。问题链可以不间断地启发学生思维，激发他们的创造力，帮助学生利用已有的知识去分析问题，最后用批判性的思维去体会知识在不同情境中的应用，实现学生对教学内容的深度学习。

下面笔者结合近几年在小学科学教学过程中的实践，例谈如何通过问题链引导学生实现深度学习。

一、根据学生已有的知识和经验设计问题链，实现深度学习

深度学习提倡将新知识整合到原有的认知结构中，引起对新知识、信息的理解，从而长期保存及迁移应用。在学生利用已有的知识、技能和方法来获得新知识、新技能和新方法的过程中，他们的思维迁移能力得以逐步提升。为了更好地引导学生进行论证、推理及迁移，教师应设计具有能力层次的一系列问

题，形成螺旋式上升的问题链。在这个过程中，后面的问题需要使用前面所积累的知识和方法，促进知识的纵向生长和横向联结，丰富学生的认知结构，使知识结构化；与此同时，具有能力层次的一系列问题从低阶开始逐步向高阶发展，训练了思维从低到高的深度延展，学生的思维伴随着知识的积累得到了同层次性的高阶化发展。这两方面正是深度学习发生的关键节点。

例如，在教科版小学科学三年级上册"风的成因"一课中，学生对风有基本的认识，能根据生活经验想到用多种方法制造"风"，并对"人造风"的原理进行解释：让空气流动起来就可以制造出风。但是，对于本课所要研究的自然风的成因却描述不清。此时，我们以学生的已有认知（人造风）为基础，通过问题链的设计引导学生经历了提出问题、做出假设、制订计划、收集证据、处理信息、得出结论、迁移应用等一系列过程，最终获得思维的发展和知识的进阶，实现对"风的成因"这一问题的深度学习。

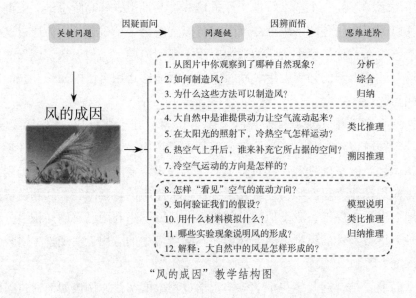

"风的成因"教学结构图

二、基于真实的生活情境设计问题链，实现深度学习

分析理解能力是小学科学中一种很重要的能力。教师可以创设较为真实的生活情境，并引导学生利用相关知识与技能去解决情境中所给的任务。在这一过程中，教师通过学生对任务的掌握情况去培养学生提出假说并进行验证的能力、问题解决能力及批判性思维的发展。问题的解决也进一步提高了学生的分析理解能力，改变了传统的教师直接传授知识的局面，真正达成学生自主学

习的过程。由真实的体验进而解决问题的过程注重知识与技能的结合，能更直接、更真实地反映学生的学习效果。因此，问题链的设计应从让学生多体验、批判论证及检验方面去设计。

例如，在教科版小学科学三年级下册"水珠从哪里来"一课中，"可乐加冰"是学生夏天最常喝的解渴饮料，从中发现"杯子"出汗更是最常见的生活情境。笔者在本课教学中由此情境入手，通过问题链的设计，引导学生产生建构需求、提出假设、获取证据、调整认知结构形成概念，最终巩固、拓展概念实现深度学习。

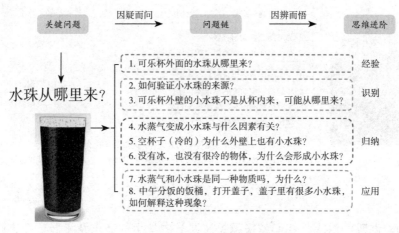

"水珠从哪里来"教学结构图

三、通过整体认知设计问题链，实现深度学习

学生通过建构完整体系，形成知识的整体认知，对解决问题能起到很大的作用。而知识体系的建立要求学生能对比出不同知识、情境中的异同，对存在差异之处作出合理的归因分析，让知识组块化，整理出解决问题的不同途径。课堂上，教师在学生已有的知识体系上通过一步步启发，引导学生整体认知，其中，问题链的设计就很关键。它应该具有层次性，符合学生的认知水平；其次，问题链应具备启发性，引导学生自主归因、整合，最终达到对知识整体把握、透彻理解。经过这一深度学习，提高学生的建构能力，以更好地解决问题。

例如，在教科版小学科学五年级上册"设计简易太阳能热水器"一课中，笔者在本课的教学中，通过设置具体情境"如何改造自制的热水器，使它吸收更多的光和热"，唤醒学生已有认知，并设计有层次性的问题链启发学生逐步发现"北京地区无法被阳光直射，太阳能热水器必须倾斜一定角度才能被阳光直射，进而吸收更多的光和热"的科学事实。基于此，明确本课的主题：重新设计、制作能够实现倾斜一定角度的太阳能热水器。学生通过设计方案、进行制作和对成品进行试验、评价和改进，不仅经历了自主解决生活中实际问题的过程，同时也通过本节课进一步理解了"技术学习的一般过程"。这样的学习过程有助于学生技术素养的提升，实现对"光"单元内容的深度学习。

"设计简易太阳能热水器"教学结构图

随着课改的深入，我们越来越关注课堂中学生的需求及发展。频繁而随意地利用散问题进行提问，毫无逻辑的问题堆砌，严重影响了学生学习兴趣的培养，阻碍着学生高阶思维的发展；在长期低质量的琐碎问题环境中，学生难以找到问题解决与已有知识经验的连接点，对学习失去信心。利用问题链开展教学，遵循学生的"最近发展区"规律，兼顾学生的个体差异性，能让各个层次水平学生主动地参与，积极地建构知识，在发现问题、探索问题和解决问题中不断发展思维能力，促进深度学习的发生。基于真实的生活情境设计问题链，让学生在分析中实现概念的进阶；通过整体认知设计问题链，让知识组块化，使学生建立完整知识体系。将我们的问题或任务以问题链的形式做有效设计，能使我们的课堂高效，也引导学生通过问题链实现深度学习，不断提高思维能力，提升科学核心素养。当然，深度学习是一个长期的过程，它需要教师认识到深度学习的重要性，积极引导学生建构科学认知体系。问题链的设计方式是多种多样的，随着教师个人对概念、知识体系的不同理解而改变，但唯一不变的是不管从什么路径出发，我们的最终目标都是使学生能在科学学科思维能力上获得更大程度的提高。

参考文献：

［1］［美］詹姆斯·A.贝兰卡.深度学习：超越21世纪技能［M］.赵健，译.上海：华东师范大学出版社，2020.

［2］王思锦，叶宝生.小学科学教学关键问题研究［M］.北京：首都师范大学出版社，2020.

［3］周建武.科学推理：逻辑与科学思维方法［M］.北京：化学工业出版社，2017.

［4］胡卫平.科学思维培育学［M］.北京：科学出版社，2004.

［5］夏齐平，陈小燕.促进学生深度学习的"问题链"设计与思考［J］.教学月刊·中学版，2020（11）：15-18.

［6］陈冰.基于深度学习的高中数学问题链设计［J］.中学数学研究，2020（8）：1-3.

小学科学逻辑思维能力培养的教学方法研究

中国人民大学附属中学实验小学 杨晓娟

一、前言

小学科学课程是一门以培养学生科学素养为宗旨的义务教育阶段的核心课程。科学素养要求学生具备进行科学探究所必需的科学思维和方法。科学思维是通过科学学科培养的核心素养。科学思维方法包括逻辑思维和非逻辑思维，其中逻辑思维是人们在认识过程中借助于概念、判断、推理反映现实的过程，只有经过逻辑思维，人们对事物的认识才能达到对具体对象本质规律的把握，培养小学生的逻辑思维能力能帮助其正确认识客观事物，通过揭露逻辑错误来发现和纠正错误概念，帮助他们准确地表达思想，从而更好地去学习知识。小学科学是小学各课程中与日常生活联系最为紧密的课程，也是直观性、感受性、操作性最强的课程，在教授小学生科学概念的同时培养严密的逻辑思维能力是科学课程毋庸置疑的重要任务。

二、教学方法探究

在长期教学活动中，通过课堂观察和教学实践，笔者发现以下几种方法在提升学生科学素养、培养逻辑思维能力方面效果较为显著，而且在日常的教学活动中较容易实现，值得进一步探究。

（一）语言诱导法

人们思考时离不开语言的应用，发展学生的逻辑思维、提高学生的逻辑推理能力离不开语言。目前课堂上主要采用教师提问、学生回答的形式来进行课堂前导和概念引入。优秀的提问设计会让学生直达主题，引发学生的深入思考，所以教师在备课时应对课堂提问进行精心设计，注意认知的层次性和逻辑性，抓住问题的本质和核心点去确定话题，避免引起歧义和多义。对于学生来说，课堂中主要有三个环节涉及语言表达，第一个是针对要研究的问题设计研究方案，第二个是通过分析实验得出研究结论，第三个就是课堂讨论，在这些环节学生会用语言表达其逻辑思维的过程和结果。在这三个环节中，教师要发挥引导帮助的作用，让学生在语言组织过程中具有清晰的思路，从而达到精确表达的效果。这也是检验学生是否正确理解科学概念的一个过程，如果学生正确地理解了相关概念，他会在讲述中清晰地表达出来，相反地，如果他的理解有误，概念错误，用词不当，教师会及时加以纠正。而最后的课堂讨论是学生之间比较不同研究结果引发思考的过程，学生会自发思考，为什么别人的结果和自己的不一样？讨论就是这样一个训练逻辑思维的过程，他们会从结果去比较，判断是实验过程的不同，还是设计方案的不同，是哪个因素引起的等。在梳理实验步骤的过程中，他们会进行语言上的讨论和争辩，组织多个理由让他人信服。在这个过程中教师可指导学生组织语言，并确保叙述符合逻辑；指导学生发现问题，找出问题，透过现象看本质；此外引导学生敢于和善于表达，敢于质疑书本，提出不同的见解和想法，让学生在讨论争论中，不断提高自己的逻辑思维能力。

例如：六年级"宇宙"单元"在星空中（一）"，本课的内容分为三个部分：星座、建一个星座模型、认识星座。依据学习内容对本校六年级160名学生进行了前测，发现学生对于星座的概念模糊不清，对于星座建模无从下手。因此本课需要通过连续的有逻辑性的问题设计以及不同层次的探究活动帮助学生建立清晰准确的星座概念。于是，从北斗七星的形状入手，引导学生从观察到更深层次的观察，从发现星星的大小、亮度各不相同到猜想星星远近不同、方位角度不同、高度不同，从收集数据资料到建模论证，这些活动都需要教师精心设计问题链引导学生由浅入深、由远及近地形成清晰的逻辑思维，构建准确的星座概念。

【问题链】

这里有一张星空图片，谁能用最短的时间找到北斗七星在哪里？你是怎么判断的？

如果把北斗七星和它相邻的恒星进行连线，看看像什么？

由于这些恒星连在一起的视觉图像像一只大熊，所以人们将其命名为"大熊星座"。你们知道什么是星座吗？

你们认为这就是北斗七星真实的样子吗？七颗星星究竟是在同一平面还是远近不同呢？

同学们认为哪些资料对我们是有用的？

通过查找资料，你们发现了什么？说明什么问题？

翻转泡沫板至有刻度值的一面，想一想刻度值代表了什么，地球的位置在哪里？

对比之前插摆的北斗七星你有什么发现？换个角度看一看还是勺子形状吗？

通过以上的活动和研究，你对星座有什么新的认识呢？

（二）图形分析法

对于小学生来说，图形往往比文字更有吸引力，除了图形对于数据表达的直观性之外，图形对于数据规律的揭示更是具有无可比拟的优势。比如可以利用统计图把实验数据"图形化"，使数据更加形象，可对课堂实验得出的不同结果进行分类比较，而比较是人类进行具象思维与描述思维图像的基础，通过比较，学生能找到不同事物之间的共同点和差异，从而培养其比较和分类的思维能力。加深学生对科学概念的理解，培养学生对前期数据的分析及对未来数据的预测能力。

笔者在教学中发现，教学中的难点就是无法知晓学生的思维变化过程，如果能让学生把思维过程清晰地表现出来，教师就会根据具体情况作出具有针对性的教学。所以在教学过程中可以让学生用简笔画、现象图、情境图等形式演绎思维过程，这样教师能够清晰地看到学生的思维过程。例如：五年级上册"直射与斜射"一课的教学中，通过学习第二课时的测量影子相关知识，学生知道了直射和斜射的含义。学生能够根据生活经验知道中午是直射温度高、早上是斜射温度低的生活现象，并且对于直射和斜射引起温度的变化是认可的。但是他们并不清楚造成直射温度高、斜射温度低的真正原因到底是什么。通过教学前测发现，部分学生认为一天中的温度变化是由于太阳到地球之间的距离不一样造成的。有些学生认为这也许和四季的气候特点有关系，还有些学生认为这是由于早上和中午太阳发出的光和热不同所造成的，还有相当一部分学生对直射和斜射产生不同温度的原因一无所知。这也为后面学习四季的形成造成了难以逾越的知识障碍。让学生认识到直射温度高、斜射温度低与被照射的单位面积内获得的热量有关将是本课将要达成的科学概念，解决温度转化为热量的抽象概念是本课的难点。在冥思苦想中，坐标纸的应用给了笔者很大的启发。通过设计将实验中手电筒发出的光和热等能量代换一天中太阳发出的热，可看作是一个整体。利用在坐标纸上分别画出直射和斜射情况光照的面积，面积大小代表获得的热量多少，进而将数据图转化为实验证据。这个过程既能够帮助学生理清思路，也培养了学生的逻辑思维能力。

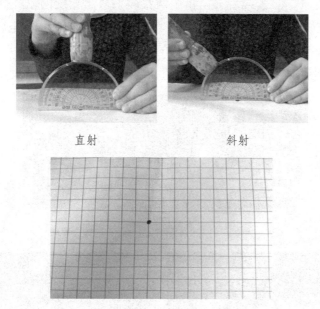

直射   斜射

图量化照射面积

此外，我们还可以使用思维导图来培养学生的逻辑思维，它能直观地表明重要的概念及其之间的联系。学生在制作思维导图时会将自己对研究主题的新的理解和认识添加进去，建构起自己的知识体系，可有效提升学生对信息整理与分析的能力，培养逻辑思辨能力，提高教学效果。

（三）情形创设法

小学阶段的学生处于具体形象思维向抽象逻辑思维转化的时期，这个阶段学生在很大程度上对具体的、感兴趣的事物容易记住，所以在教学中笔者引导学生对于生活经验进行充分的分析，让学生对日常生活中的事实得到充分感知。教师可以利用幻灯片、音频、视频等信息技术手段进行学习情境的创设来辅助教学，也可以根据课程的需要，创新教学手段，创设适当的情境来达到目的。

例如：在四年级下册一单元"电"第七课"不一样的电路连接"教学中，纵观"电"单元，整个单元的安排具有严密的逻辑结构，前后课之间有着学生认识发展上的逻辑关系。从认识电的本质开始，到认识电路、电流，这一系列的探究活动将最终指向对电这种能量的认识。因此，如果能将本课的教学内容与学生的生活紧密联系在一起，从生活中一个典型的情境导入，在培养学生逻辑思维能力方面将收到良好的效果。于是，在本课的开场笔者给学生呈现出如下几个熟悉的画面。教师导入："因为有霓虹灯，北京的夜晚特别漂亮。这是北京西单的夜景"。紧接着又出示了两张效果截然相反的霓虹灯图片，"但是也有的霓虹灯不那么漂亮"，出示PPT图片，"招牌灯后面的电路是怎么连接的？今天我们就一起来揭开招牌灯背后的秘密，认识不一样的电路连接。"此课例通过生活情境的再现，唤醒了学生的生活经验，培养了学生的逻辑推理能力。

北京夜晚的霓虹灯

招牌灯：过街通道

招牌灯：上海西

教师在课堂上演示的实验现象和展示的事例往往局限于具体的事物，不具有一般性，这样的演示会导致学生只关注表面现象或具体事物，从而偏离课堂预设的主题，会使课堂教学达不到预期效果，因此可以用多个类似的事物替换研究对象，在此基础上引导学生从不同角度、不同层面进行思考，并提出研究问题。此外，由于小学科学实验对学生有强烈的吸引力，可以用教师的演示实验或学生自我的小组实验创设情境，激发和引发学生进行思维活动。在实验过程中，比较、分析、综合等思维方法有意无意地贯穿实验的始终。在教师演示过程中可以重复实验，故意出错造成不同的实验结果来引起学生的质疑，让学生根据不同的"果"来推测是什么"因"引起的，从而培养学生的判断和推理能力。

三、结语

思维是教育的灵魂，是教育的本质。作为科学教师，应想方设法提高学生思维的积极性，鼓励他们大胆质疑、大胆推理、勇于求证。提高学生的思维能力是一个漫长又有一定难度的过程，在科学课堂上要始终本着"关注学生思维发展"的理念指导教学活动，通过探究活动让学生获得科学学习的乐趣，形成正确的思维方式，对于学生在今后的工作和学习中自觉使用科学思维，提升科研综合能力都大有裨益。

参考文献：

［1］张维宗.浅谈培养小学生的科学素养［J］.中学课程资源，2008（2）：115–116.

［2］郭杰.小学科学教学中发展学生思维能力的策略研究［J］.内蒙古教育：基教版，2013（6）：66–67.

［3］许水勇.关注科学本质提升科学素养［J］.现代中小学教育，2010（6）：51–53.

［4］蒋惠清，陆启威.谈科学教学中学生思维可视化的情境设置［J］.江苏教育，2015（25）：69.

［5］陈彤，余京华.在科学课程的课堂交流研讨中培养学生的逻辑思维能力［J］.教育实践与研究，2014（20）：77–78.

［6］姚正东.巧用统计图训练逻辑思维［J］.中国教育信息化，2011（3）：43–45.

［7］高喜堂.小学数学教学中如何培养学生逻辑思维能力［J］.西部素质教育，2016（14）：110.

［8］常春长.在小学科学教学中培养学生的逻辑思维能力［J］.教学艺术，2014（7）：81.

［9］朱吴波.设计有效预测活动发展学生逻辑思维［J］.基础教育论坛，2014（9）：46–48.

［10］武璇.思维导图融入小学科学教学初探［J］.科学课，2012（3）：28–29.

［11］季萍.思维训练在小学生科学探究中的作用及做法［J］，希望月报，2007（5）：69.

［12］易难.创设虚拟学习情境提升科学课堂效率［J］.小学科学，2015（8）18–19.

［13］高燕红.思考是学习的灵魂［J］.新教育，2014（14）：22–23.

［14］祁宏.摭谈科学教学与小语作文的有效整合［J］.教育观察（下半月），2015（16）：73–74.

在小学科学课堂教学中发展学生
核心素养的教学研究

中国人民大学附属中学实验小学　　杨晓娟

在教育部《关于全面深化课程改革落实立德树人根本任务的意见》中，明确提出了加快核心素养体系的建设。小学科学的核心素养主要有科学精神、探究能力、科学思维、科学态度。小学科学教育承担着培养学生核心素养的重任，基于核心素养培养的要求，作为一名小学科学教师，在课堂教学实践中如何培养和提升学生科学思维能力和科学探究能力，是值得思考的问题。

笔者近几年通过课堂教学实践活动，在培养学生科学核心素养方面积累了一些经验和案例，笔者认为科学教师帮助学生形成核心素养，可以通过培养学生学习科学的兴趣来达到目标。体验在先的学习方式、设计巧妙的问题链、严格按照科学实验的操作规范、基于课标对教材内容的合理整合以及合理的分工、有序的探究，是发展学生核心素养的几个关键所在。本文希望在培养学生核心素养的科学课堂教学策略方面给广大同行以借鉴和帮助。

一、兴趣为重、体验在先

对大部分的小学生来说生活实践经验几乎为零，这也造成他们的实际动手能力有限。但他们对于外部世界充满好奇心，充满探究的愿望和热情，教师可以利用学生喜欢实践活动的特点，设置兴趣活动，引导他们进行科学探究。如在"风向与风速"的教学中进行"升国旗"的活动，在"搭高塔"的教学中进行"胡萝卜与牙签的对抗"的游戏活动，在"运动与摩擦力"的教学中进行"书本战胜大力士"的趣味实验。这些体验活动可让学生拥有切身的感受，容易接受下一步的科学概念的认知。也可巧妙地创设问题情境，激发学生的求知意愿。如在"空气能占据空间吗"的教学中，教师通过一个小实验，将软木塞放入水槽，软木塞漂浮在水面上，用玻璃杯罩在软木塞上，竖直地将玻璃杯压到水槽底部，然后让学生大胆预测软木塞会停留在杯子的什么部位，大部分学生根据生活经验，预测软木塞会浮到杯子的底部，然而实验结果与学生的猜测截然相反。这样，由前认知引起的探究开始了，学生的思路逐渐打开，收到了良好的课堂教学效果。

二、提问有效、思维提升

学起于思，思源于疑。一条设计巧妙的问题链可引发思考和新的疑问，在疑问、思考、追问、再思考中不断激发和发展学生的科学思维。科学论证让学生基于证据做出合理的推测，基于证据对自己或同伴的观点进行辩论，帮助学生构建科学的概念。学生在"论"中推理，在"证"中建构。如在"在星空中（一）"中唤醒学生已有认知的提问：①这里有一张星空图片，谁能用最短的时间找到北斗七星在哪里？你是怎么判断的？②如果把北斗七星和它相邻的恒星进行连线，看看像什么？通过这两个问题的交流，教师能够初步了解学生对北斗七星的认知。此时再通过问题的设计将元认知引向即将要探究的未知：由于这些恒星连在一起的视觉图像像一只大熊，所以人们将其命名为"大熊星座"。你们知道什么是星座吗？此时，学生无法根据已有的认知对星座的概念进行解释，学生头脑中的星座概念是模糊不清的，教师适时的引导性提问可以将学生的探究思路打开，如：你们认为这就是北斗七星真实的样子吗？七颗星星究竟是在同一平面还是远近不同呢？教师提供结构性的建模材料，引导学生继续深入对建模方法的思考和讨论：①同学们认为哪些资料对我们是有用的？②通过查找资料，你们发现了什么？说明什么问题？最后提升思维引导学生进行建模方法的思考：翻转泡沫板至有刻度值的一面，想一想，刻度值代表了什么？地球的位置在哪里？在问题链的引导下，在不断地质疑、追问、论证中，思维逐渐深入。学生始终在思考、操作、观察、总结，既培养了学生设计实验方案的能力，也提高了学生分析问题和解决问题的能力，思维的深度和广度都得到了发展。

三、实操规范、态度严谨

严肃认真、实事求是的科学态度对于发展学生核心素养至关重要。实验时，通过规范化操作和准确的观察，能使学生获得最典型、最真实的感性认识，再通过思维活动顺利地形成概念，总结出规律，这样不仅使学生在获取知识和方法上少走弯路，而且使学生的观察能力、思维能力、实验操作能力和创造能力均得到最简洁、最有效的锻炼，使学生的科学核心素养都得到和谐的培养和发展。因此实验前制定的规则显得尤为重要，是学生实验能否成功的关键。要做到以下几点：

（1）严格按照规则实验。学生进实验室必须严格遵守实验操作规程，并保持肃静，注意安全。有些实验程序较复杂，教师可分解实验全过程，以分步到连贯；有些难度较大，教师要有重点示范，再分组操作。如在使用酒精灯、玻璃器皿前，必须严格要求按照规程进行操作，以防意外。电路组装相关的实验，学生在实验室使用干电池，学生掌握导体、绝缘体知识后，回家去做电路组装，若在实验室没有严格操作规程，就会发生意外事故。

（2）细致有序观察实验。小学生进行科学实验，大多数是观察实验，只有细致有序地观察，才能了解现象发生的全过程，抓住现象的本质。因此，在实验前学生要了解观察的目的要求，逐步养成细致有序的观察习惯。在凸透镜成像实验前，学生要知道凸透镜中心、焰心和纸屏中心必须在同一高度上，在点燃蜡烛后，慢慢移动透镜，渐渐接近纸屏，观察纸屏上出现什么，直到清晰为止，再慢慢远离纸屏……教师有意识地加以训练，持之以恒，养成习惯。

（3）认真分析做好记录。在细致有序地观察实验的同时，还必须引导学生认真填写实验记录，让学生对观察的表象进行分析，对数据进行处理，结果进行思考，实事求是地填写实验报告单。此外，科学实验能培养学生尊重事实、严肃认真的科学态度和科学作风。科学是严肃、认真的，科学实验必须严谨求实，细致认真，任何一点疏忽、马虎都会导致实验的失败。

例如：在"天气日历"这一课对天气的观测实验中，既需要学生耐心、细致观察，又要多次测量气温、风速风向，还要绘制图表，找出规律，学生的科学态度得到了一次很好的培养。又如在探究"固体的热胀冷缩"实验时，给铜球加热的时候需要坚持并且细致地观察才能发现固体热胀冷缩的规律，这能够很好地培养学生坚持不懈的科学态度；再如课后的一些需要持续性观察和研究的"小课题"实验——"探究铁生锈的原因""蚯蚓的选择""种子的萌发"等，要求写出实验报告或者观察日记，可加深学生对知识的理解。"小课题"实验让学生独立经历了实验活动的全过程，并通过对实验现象的观察、记录，实验数据的分析整理，培养了学生细心观察、实事求是、反复研究、坚持不懈的科学态度。

四、基于课标、整合教材

系统、深入地对新课标进行学习，以科学知识、科学探究、科学态度、科学、技术、社会与环境目标为导向对教材内容进行重新整合。整合后的内容贴近本校学生核心素养发展的阶段性特点，且对于未来的发展目标更具导向性。例如："雨水对土地的侵蚀"一课所在单元为教科版教材五年级上册第三单元，本单元知识脉络清晰，从内容上分为两大板块，第1课为第一板块，让学生了解地球表面地形多种多样，第2~8课为第二板块，分析内力、外力以及人类活动引起的地表变化。侵蚀是继风化后又一种作用于地表的外力，本课是侵蚀内容的起始课。着眼于教学活动的安排，内容很丰富，但鉴于课堂时间有限，并且下一课还要继续研究土地被侵蚀的因素，因此将最后一项活动调整到下一节课完成。如教科版四年级下册"电"这一单元，由于"不一样的电路连接"这一模块与学生生活实际联系不大，可以将"不一样的电路连接"这一模块调整为"设计照明电路"，依据《义务教育科学课程标准》允许的范围对教学内容进行重新设计，同时可以更好地和学生生活实际相结合。"电"这一单元在进行调整后，通过这条线索进行思维发展。在单元的起始课，让学生依据最终照明电路的设计，自主选择要研究的概念和问题，教师在单元教学中加入学前准备和学后拓展。

五、合理分工、有序探究

要想孩子真正地投入研究之中，必须进行合理分工。科学课的探究活动基本上是以四人小组为活动范围的。科学合理的分工应该遵循"组内异质、组间同质"的原则，也就是同一个小组的学生应该是各方面互补的，有成绩好的，也有成绩不好的，有能力强的，也有能力相对弱的，使组与组之间基本接近相同。例如探究"固体的热胀冷缩"实验中小组内合理的分工包括：有点酒精灯的，有加热的，有观察记录的，大家分工合作，既保证了实验的顺利完成，又培养了团队精神。有序的探究活动是发展学生核心素养的有力保障和落实的根本。无序的探究活动、浅层次的探究、表演性质的探究都是无效的探究，对孩子素养的培养没有实际意义。在极具开放性的科学探究活动中，每位科学教师都必须正视无序现象的产生，学会如何进行有效调控，降低课堂探究活动无序的程度，实现高效培养学生科学素养的目标。首先，探究活动的材料应该是经过教师精心选择的，具有较强的代表性和导向性，这样再加上教师适时、科学的引领，学生的探究活动肯定会达到预定的效果。例如，在"口腔里的变化"探究活动中，课前5分钟，教师给每位学生分发了用保鲜袋包着的一小块馒头，并嘱咐学生在上课铃响前把馒头和学生自己带来的小镜子一起放到课桌下面去，等教师说用时再拿出来。上课开始，学生只稍稍注意了一下材料，就开始认真地听课。等学生进行猜测、讨论确定探究内容与注意事项后，教师才让大家把探究材料拿出来，第一项探究活动结束后，教师立即要求学生把塑料袋与镜子放回桌子下面，直到第二项活动观察自己的牙齿时才让学生把镜子拿出来用，避免了讨论交流阶段学生再去动手活动而分散注意力。在有些课中，虽然教师好几次分发材料，看起来比较麻烦，但是这样使探究活动循序渐进，让后几项探究活动能顺利进行，避免了不必要的混乱。因此，在探究活动中，材料的提供要注意种类、组合，还要注意学生取用的时间与顺序，从而使整个探究活动"有结构"。其次，明确的探究目标是引领学生开展有效探究活动的指向，没有探究价值或模糊的目标对学生科学素养的培养不但没有好处，反而可能还会产生错误的价值取向——探究可以无目标，所以教师对于研究问题的筛选、探究目标的确立，要深入考虑，有效引导。如在"蚂蚁"一课中，教师让学生说说自己想研究蚂蚁的什么，结果学生提出了很多的问题，教师在黑板上罗列了"几对脚、翅膀、触角、游泳"的问题，像这样多的提问，在一堂课中根本无法一一解决，而且有些问题是没有探究价值的。其实，认识蚂蚁只是本节课的教学目标之一，重点和难点在于对学生观察蚂蚁方法的探究和指导，有位教师在上课开始让几位学生上台画蚂蚁，引出捉来的蚂蚁与画的蚂蚁有何不同的问题，促使学生迫不及待地想去观察蚂蚁，并在观察中引导学生得出较为优化的观察方法，观察蚂蚁的身体特点的问题就迎刃而解。

"科学核心素养"的道路任重而道远，作为科学教师，在教育教学中，主动地把培养学生科学核心素养落实到每一次探究活动、每一个实验环节、每一项细节之中，持之以恒地抓实，并不断改进。如此，学生的科学核心素养一定会得到培养和提升。要将科学课程的实际效果进行发挥，就一定要坚持开放、实践、合作的原则。在以学生为主体的科学教学中，把学生看作一个个创造的个体，给予学生以自由发挥、大胆创造的开放空间，并对孩子所萌发的创造欲望给予保护，这样才能有效提高学生的科学素养，才能大面积提高科学教学效果。让学生真正地做到像科学家那样去思考，品味科学家发现的喜悦，让学生用感情、智慧去体会成功的滋味与价值。

　　促进学生核心素养培养，是科学教育的根本目的，是深化课程改革的原动力，为此，教师要积极地探索促进学生科学核心素养发展的策略，寻找打开学生求知心扉的钥匙，义不容辞地成为每位科学教育工作者的历史担当。

参考文献：

［1］中华人民共和国教育部.义务教育科学课程标准（2017年版）［M］.北京：北京师范大学出版社，2017.

［2］鞠勤，叶禹卿.经典教学案例与创新课堂设计（小学科学）［M］.北京：世界知识出版社，2006.

［3］李铖，刘先捍.示范课精选与小课题研究（小学科学）［M］.太原：山西教育音像出版社，2006.

［4］张绪培，俞伯军.小学科学教学案例专题研究［M］.杭州：浙江大学出版社，2005.

"基于模型找寻证据"，小学科学
地球宇宙领域深度学习感悟

——以"地震的成因及作用"为例

北京市海淀区育鹰小学　蒋振东

一、背景

在讲解"地震的成因及作用"时，有这样的一个片段：学生细致地利用三层泥土搭建完地表岩层，用拉拽与碰撞等方法"模拟岩层"并观察变化，只见"模拟岩层"毫无声息地裂开或者产生了褶皱。

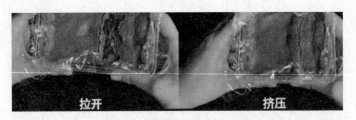

"模拟岩层"的变化实验

学生汇报："我们认为板块运动导致地表岩层的撞击，板块分离时模拟岩层裂开了，产生了地震。""我们也观察到了板块撞击产生了褶皱，这就是地震的成因。"与预设不同，也有同学提出了不同观点："老师，我们看到褶皱产生时'地面'也没地震啊？"一时之间大家陷入了争论。有的同学说："地震就是产生了，请你想象一下，岩层都裂开了力量得多大啊？"还有同学用模型演示一边撞击一边用手抖动"模拟岩层"。但是也有同学支持质疑同学的观点："我们看到褶皱产生时特别慢，可是地震的发生却特别快，明显不是地震。"而有些同学急于得出结论甚至提出"地震发生了，但是咱们看不到"。

我肯定了提出疑问小组的科学精神，然后用能量积累与释放解释了地震形成的过程，通过讲授解答了学生的疑惑。

二、提出问题

课后，笔者陷入了思考：本课是教科版五年级上册"地球表面变化"单元中的一课。在单元学习中，本课学习之前学生已经初步了解了地球地表多样的地形并猜测了其成因，认识了地球内部的结构与板块的运动，从本课开始系统认识地球内部与外部力量对地形的营造与改变。本课的模拟实验只能证明板块运动可以展示岩层断裂，也可以使岩层产生褶皱，但是无法证明地震产生。可学生在忽略证据的情况下就草草产生了结论，他们模拟实验中到底有没有思考呢，思考有多深呢？通过课后访谈笔者发现，大部分学生主要精力集中在想办法把模型做好，"越像越好"，只是借助模型"演"了一下地震的过程，学习活动中没有提出自己的观点，更没有尝试观察模拟实验寻找证据。这也就导致本课成了一节"怎样精巧设计板块撞击模型"的手工课，看似培养了模型思维，实际学生的思维参与局限在概括原型特征设计模型上。回顾我们以往地球科学的学习活动，往往也会出现"为了模拟而模拟"，"造模型而不用模型思考的现象"，那么怎么解决呢？

三、解决问题

《小学科学教学关键问题》一书中阐述了地球与宇宙科学认识的一般过程。地球科学的认识过程，是对地球系统客体进行观察，采用思辨的方式，尤其是辩证的思考，提出关于地学对象的存在和发生、发展的假说。通过假说解释地球系统各种现象的存在特点和运行规律。因此地球与宇宙领域研究经常应用模拟实验和模型说明。在地学思维过程中表现为更多地注重事实、更多地运用假说、更多地需要辩证思维。通过查阅文献笔者也认识到本课涉及地震成因中"弹性回跳"理论，也是典型的假说提出与证明的研究过程。

（一）重构课堂：通过假说的论证活动将科学思维培养贯穿于探究实践全程

参考蔡曙山《科学发现的心理逻辑模型》在假说的提出与证明等这一系列的过程中，需要经历大量的科学思维。如在起始阶段，运用归纳概括观察到的资料信息，而假说的提出阶段运用归纳推理、溯因推理和类比推理，论证阶段一般展开归纳和演绎推理与类比推理。

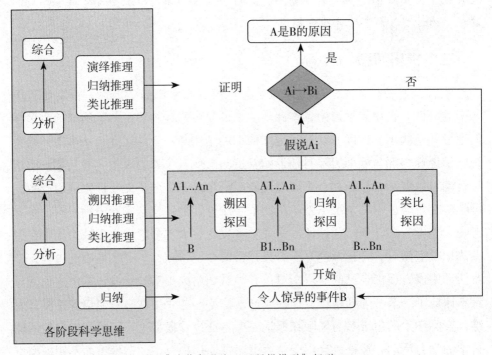

《科学发现的心理逻辑模型》假说

再次分析教材，笔者将模拟实验纳入假说的论证过程之中，使模拟实验成为搜集证据、阐述观点的途径。课堂中由真实地震现象提出问题，基于经验与观察提出合理假设，然后展开搜集证据与论证。而模拟实验则作为收集与论证的重要方法，引导学生基于模型观察，利用模型寻找证据，使用模型解释。重新设计之后，本课学生始终围绕地震成因这一核心问题展开研究，大胆假设，主动搜集证据展开论证。在探究的全过程中都需要思维深度参与。

（二）巧设梯度，通过不同目标的模拟实验帮助学生寻找证据

本课假设提出阶段是典型的运用溯因推理提出假设。通过泸定地震视频提出研究问题，并研究地震的成因。再阅读资料，观看地震带来危害的图片。学生主动思考：造成地表破裂、地面隆起等现象的原因有什么呢？大胆地运用溯因推理提出假设。

阅读资料，比较、分类、
概括资料

教师引导学生提出假设

运用溯因推理提出假设：
板块运动造成地球岩石圈
褶皱、变形……形成地震

课堂实录："生：我观察图片中栅栏被分割成两部分，我猜测造成的原因可能是板块撞击形成地震，使地表分离，造成栅栏被分开。""我看到图片上地表都隆起来了，道路被挤压弯曲，我认为可能是板块撞击产生的地震"，"我观察到地震发生时地表有很大裂缝，可能是板块分离时产生的地震。"

在假说的论证阶段，笔者继续深挖证据意识，引导学生构建模型、理解模型、应用模型收集证据。为了帮助其更好地收集证据，笔者对实验进行了大胆的改进。原模拟实验中，即使设计者使用干燥的泥巴，但因为泥巴本身不是脆性材料，而地壳上部是脆性变形域，学生是无法感知到应力累积与释放的，也就无法收集到地震成因的关键证据——能量的积累与释放。因此本课笔者降低了构建模型的难度，提升了应用模型思考问题的深度。笔者参考其他版本教材地震成因的实验，设计了两轮有层次的实验。两次实验逐步深入，引导学生利用模型深挖证据。

实验内容	实验效果		实验目的
实验一：雕塑油泥模拟板块运动对岩石圈的作用		有一定褶皱 断裂明显 断裂前需要很用力 断裂时轻微声音	帮助学生收集到板块运动对岩石圈的作用的证据

续 表

实验内容	实验效果		实验目的
实验二：聚苯乙烯泡沫板（硬）再次模拟板块运动对岩石圈的作用		断裂明显 有一定褶皱 断裂前需要极用力 断裂时发生巨大声音	帮助学生收集岩层断裂过程中能量积累与释放，体会地震产生

第一轮模拟实验，学生利用模型展开类比，结合模型分析板块运动对岩石圈产生了哪些影响。经过观察、比较、概括，发现板块的挤压、分离使岩石圈发生断裂、褶皱、升降等现象。然后利用类比推理将模型与观察过的照片原型建立联系，为自己的假设提供证据。

模拟实验一中学生利用证据展开推理

学生展示收集到的证据，进行归纳概括。运用类比的方法将模型上的栅栏与实际地震图片中的栅栏进行类比。

第二轮模拟实验前，教师引发思考：是否找到地震发生的证据？是否观察到地震产生时能量的释放？有的说观察到了模拟岩石圈轻微的抖动可以作为证据，但大部分人认为没有证据，这也发展了其批判性思维。在学生疑惑时，教师演示第二个模拟实验，继续寻找证据。当泡沫塑料板模拟岩石圈上层受力时，学生观察到了明显的褶皱，在岩石圈断裂的瞬间，一声巨响启发了学生。

模拟实验二学生再次收集证据

实录：

师：模拟岩石圈发生的断裂，地震发生了吗？

生：发生了。

师：你认为什么时刻发生了地震？你又有什么证据？

生1：我认为就是岩石圈断裂那一刻发生了地震，因为我看它突然就断裂了，能量释放了。

生2：我认为在模拟岩石圈断裂时释放了能量，我听到很大的声音，这种声音就是一种能量。

师：嗯，咱们模拟实验时找到了模拟岩石圈断裂时能量积累与释放的证据，那如果是真实的地震发生时能量会怎样释放呢？

学生再次联系原型，将两次模拟实验收集到的证据与观察到的真实地震现象进行类比，得出了科学的结论。

四、反思与讨论

深度学习是核心素养生成的学习路径。胡卫平教授对"思维型探究"的解读是："科学探究是一个复杂的教与学的实践行为，是激活学生情感与思维的实践行为，是根据事实证据建构科学解释的实践行为。"可见，要加强探究实践活动，促进学生思维深度参与，科学探究不能单纯看作是一套机械的可标准化操作的实验方法，而是建构目标明确、学生深度合作、师生情感交融且探究充满科学思维的实践体系。在探究各个阶段，学生的思维得到激发，实现科学观念与能力之间、不同学科之间、不同发展阶段之间的衔接和整合，最终促进学生核心素养的协调发展。

通过本课的实践，笔者对学生深度学习的开展又有了新的认识。要想深度学习的目标指向发展学生的素养，就小学科学而言指向科学思维为核心的素养培养。而小学科学深度学习开展的样态呈现包括三个方面。首先科学学习中的深度学习目标"深"，这指向目标的导向从浅层科学知识转变为科学思维，包括高阶思维的培养。其次是探究"深"，这一表现主要体现在学生在真实情境下始终围绕核心问题不断展开观察、探究、分析、推理、反思等活动。思维高度活跃，主动由表层逐步揭示事物的内在联系，再由理性认识逐步应用于生活情境。第三个表现是交流"深"，在深度学习的课堂中，生生之间，师生之间，学生与自我内心都产生深层次的理性对话，尊重事实与逻辑，不断完善与修正观点。对客观研究能够主动表达交流，这一层次是深度学习的核心。在深度学习中必须设计高水平的交流与沟通活动，具备高效的沟通组织形式与沟通方式。借助语言、图形、模型、表演等将课堂要素围绕思维组织在一起。

回顾本课，学生始终在围绕核心问题展开假说的提出与论证，地震成因论证的过程也是学生科学观念建构的过程。在假说的提出与论证活动中，需要学生进行证据与假设、模型与原型之间的科学推理，需要对自己的论证展开批判性思考，需要在与其他同学进行交流与分享、评价与反驳的过程中逐渐建构概念。这一系列活动，发展了学生证据意识及分析与综合、比较与分类、归纳与演绎等思维方法。通过探究实践，发展了学生科学观念、科学思维，进而发展了学生态度责任。

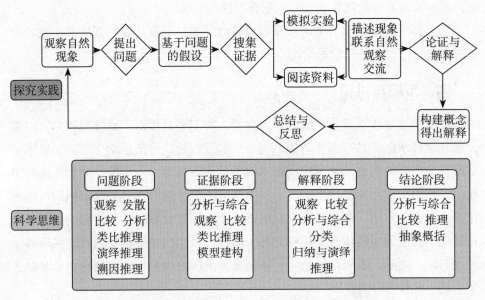

基于假说的提出与论证将探究实践与科学思维培养紧密结合

在地球与宇宙领域开展基于假说的探究实践活动，搭建思维型课堂。能有效培养学生的批判性思维和问题解决能力，培养科学精神，使学生在探究过程中体会科学知识产生的过程，更加深刻地理解科学的本质。笔者将本课的认识形成一种方法，运用到地球科学的很多内容上，比如六年级科学下册"浩瀚宇宙"一课，其中制作银河系模型就可以引导学生运用模型开展论证活动。通过思维型探究的落实，搭建思维课堂，发展学生科学素养。

参考文献：

［1］胡卫平.在探究实践中培育科学素养——义务教育科学课程标准（2022年版）解读［J］.基础教育课程，2022（10）：7.

［2］王思锦，叶宝生.小学科学教学关键问题研究［M］.北京：首都师范大学出版社，2020：31.

［3］蔡曙山.科学发现的心理逻辑模型［J］.科学通报，2013，58（34）：14.

围绕核心问题展开的小学科学单元起始课研究

北京市海淀区育鹰小学　蒋振东

一、小学科学单元起始课存在的问题

2017年2月，我国教育部发布了新一版小学科学课程标准，提出了"小学科学课程要按照立德树人的要求培养小学生的科学素养"，并根据此目标将课程内容设定为物质科学、生命科学、地球与宇宙科学、技术与工程四个领域。新课程标准首次使用主要概念统整各领域课学习内容。主要概念又称核心概念，它是构成学科骨架的概念，它们揭示学科的核心，反映出本学科本质。核心概念超越了课堂，具有持久价值和迁移价值，是概念聚合器。在新的课标理念引领下，教师备课中越来越重视单元整体备课，尝试帮助学生建立核心概念，从而发展学生的科学素养。单元起始课是指每个单元中，统领整个单元学习内容的单元开始第一课。

但是传统的单元起始课越来越不能胜任发展学生核心概念这一目标。具体有以下几个问题：

（1）教师备课受线性知识约束，对单元内部结构与核心概念关系认知不足。

"好的开头是成功的一半"，但是好的启示课并不仅仅作为整个单元线性的一个"头"。在以往教学中，部分教师将单元起始课的功能定位过窄，比如"引发学生对某一现象兴趣"，"知道某一概念为后续研究打好基础"，这些目标常常出现在起始课的主要教学目标之中。

以教科版四年级上册"溶解"单元为例，以往的单元教学设计步骤为：

第一部分：（1）观察溶解现象→（2）深入认识溶解本质→（3）其他物质溶解现象→（4）不同物质溶解能力不同

第二部分：（5）影响溶解的因素→（6）溶解度的认识

第三部分：（7）认识食盐溶解于水的变化过程是可逆的

在以上单元教学分析中，可以看到，单元起始课的内容是为本单元建立一个起始点。学生只要知道了溶解是怎么样的就可以了，然后后面再继续完善，了解溶解快慢的影响因素、不同物质溶解能力。对本单元线性的分析，看似解决了概念建构不断完善，但是核心概念的建立不是获得一堆堆砌起来的事实和理论。整体备课策略不仅仅要求教师了解整个单元每课的目标，实现一个不断向核心概念发展的进展过程，以单元起始课作为简单的"开头"课显然不能够胜任这些目标。

（2）教师试图通过单元整体指向核心概念，单元起始课功能缺失，核心概念与一般概念呈现突兀。

一些教师已经充分可以分析科学课中每课所指向的核心概念，有意识地帮助学生建构核心概念，但是却无从着手，单元起始课没有起到很好的作用。比如教师尝试通过层层递进的形式实现核心概念的建构。

核心概念的建构

在这种单元结构中单元起始课仅仅是构建一部分一般概念，或者是教师引导学生将前概念阐述清楚，然后教师在后续课程中试图通过提问或者讲授等方式唤醒学生对核心概念的思考。比如教师在教科版四年级下册第二单元新的生命起始课"油菜花开了"，教师仅仅帮助学生建立科学概念：花是植物的繁殖器官，植物的花在形成果实的过程中要发生一系列的变化。而对于后面"各种各样的花"一课，教师在帮助学生建立花的各部分构造中雄蕊和雌蕊与形成果实和种子有关之后，教师提出一个问题"为什么大部分完全花与不完全花都有雌蕊与雄蕊呢"，从而指向"植物和动物都能繁殖后代，使它们得以世代相传"这个核心概念，引导学生去思考核心概念。

这样的单元结构，起始课缺少启发性，缺少引领单元的问题性，对学生缺少吸引力。同时因为起始课仅仅是建立一般概念或者进行前测活动，而后续课程通过教师的提示指向核心概念，往往会让学生觉得提出时机比较牵强，与该课时的情景相关性不大，导致核心概念在暗示中展开，教师以这种"暗线"的形式，能不能帮助学生建构核心概念仍有待验证。

二、什么是以核心问题为核心的单元起始课

（一）核心问题即依据主要概念与单元目标设计的关键性问题

单元核心问题具有以下特征：

（1）核心问题是一个可以研究的开放性问题。

（2）是在核心概念范畴内提出的核心问题。

（3）单元核心问题与单元主题相关。

（4）单元核心问题可由教师引导学生提出，也可以学生提出。

（5）单元核心问题为单元研究的中心，统整整个单元的研究过程与概念建构。

（二）以核心问题为核心的单元起始课

以核心问题为核心的单元起始课，就是在起始课阶段，教师引导学生提出一个统整单元核心内容，体现核心概念的开放问题。学生可以在起始课阶段提出问题，并发布对该问题的观点，通过交流活动教师引导学生将该问题分解成可以研究的若干一般科学问题（分课目标）。下图所示为核心问题与核心概念的关系以及其对整单元的引领作用。

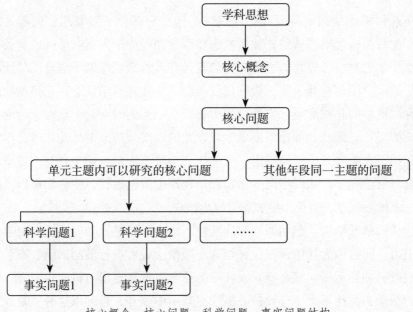

核心概念—核心问题—科学问题—事实问题结构

在核心问题引领的单元结构中，探究活动围绕活动所涉及的"核心概念"进行，学生将问题情境中的具体现象与研究结果上升为科学概念，再从小概念上升为核心概念，最后获得对学科本质的认识。以教科版2017三年级上册"水"单元为例：

1. 本单元简述

"水"为探究主题，引导学生探究物质状态之间的变化。帮助学生初步建立起"物质是不断变化的"的概念；同时，通过对食盐和沙混合物的分离实验，帮助学生初步建立起自然界"物质循环"和"变化可逆"的概念。

教材一共设计了8课，前面四课研究水的三态变化，后面继续研究低年级时接触的"溶解"。而单元的第一课"水到哪里去了"就展开对水的三态变化的研究。这就属于文中所提及的单元起始课功能缺失，虽然试图指向核心概念，却缺少途径。

2. 本单元所对应的学科思想和核心概念

（1）物质在不断变化。

（2）水是一种常见而重要的单一物质。

（这种物质：在自然状态下有三种存在状态，有些物质在水里能够溶解，而有些物质在水里很难溶解。）

3. 核心问题

水是怎样一种物质，以水为例其有哪些变化？但是核心问题对于小学生来说不易理解，所以结合单元内容可以提出单元目标的核心问题。

4. 单元核心问题

你见过水可以怎样变（化）？关于水的变化你想知道什么？

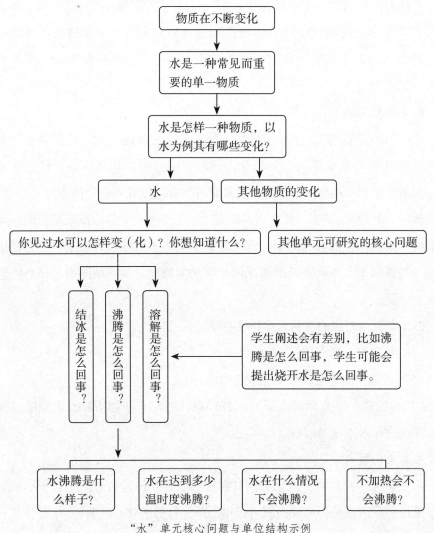

"水"单元核心问题与单位结构示例

　　以此结构为方式，在单元的开始，教师可以呈现一些有趣的水的变化，然后马上提出单元核心问题："你还知道怎样改变水？"（水的变化）学生可以做出来，也可以说出来，（学生肯定用溶解改变颜色、味道，还可以说蒸发）然后教师引导学生提出问题。比如：还有哪些变化？某一种变化是怎么回事？还可以鼓励学生把猜想提前想一些。然后教师在分课时目标中解决这些问题，在单元结尾再请学生来回答单元的核心问题，就可以清晰地发现其核心概念建构的情况了。

三、以核心问题展开的单元起始课的益处

核心问题来源于学科思想与核心概念，这样就可以在以核心问题为核心，统整单元的科学概念研究，这些研究又共同促进学生去解决核心问题，从而建构核心概念。这样有效解决了学生在分课学习中并不知道本课与核心概念有什么关联，如云里雾里。也解决了教师授课时以"暗线"为核心概念建构方式的突兀与不连贯。

以核心问题展开单元起始课，激发了学生学习动机，让学生始终带着大问题去研究，小问题的解决，带动学生大的成就感。凝聚了学习方向，使学生的学习成为课程的主要方式。学生对学习内容持续地研究，有利于学生探究能力的培养，大的研究问题，能够使学生始终保持研究兴趣，使学生在不断探究中研究更深，而不是原地踏步。

核心问题的起始课设计，引领教师更加高效地进行单元备课。这种模式使单元备课和每节课备课都需要依据核心概念设计核心问题。核心问题成为课堂的组织者和驱动力，是教学主线。

四、如何为单元起始课设计核心问题

（一）结合核心概念与单元内容设计核心问题

提出一个单元核心问题是一件十分困难的事情，教师需要考虑课标要求，寻找学科思想、核心概念，提出一个核心问题。这需要教师对课标与教材进行深入研究，并且自身善于提出问题。然后教师要参考单元学习内容，将核心问题转化为与单元内容相关的单元核心问题。这是这部分的关键，因为往往核心问题都过于庞大而抽象，小学科学学生基础还很薄，教师如果直接提出过于抽象的问题反而不利于展开。这里可以根据单元内容情况考虑增加条件使核心问题范围缩小。比如：能量有哪些表现形式？是核心问题，可以转变为在电器中能量有哪些表现形式？这样范围就是缩小。教师还需要将单元核心问题进行转化，转化为可以用于课堂的问题，并且思考呈现形式。综上所述，设计核心问题的过程如下：

设计核心问题的过程

核心问题的设计是教师备课的难点，是教师思考的结晶。最后单元的目标、课时目标、单元评价都需要与单元核心问题保持一致。

（二）教师开门见山直接提出单元核心问题，引导学生理解问题展开探究

有时教师可以直接将核心问题提出来，作为本单元的核心形成板书。比如在高年级生物与环境单元中，教师可以呈现一幅非洲草原图片，然后直接提问："关于生物与环境的关系你怎么看？"学生可能依据前概念提出很多相关信息，比如"食物链、保护色、迁徙"，然后教师再转而引导学生分部分提出研究小课题，经过一系列探究活动后，再来回答单元核心问题，学生会发现自己认识更加深刻了，从碎片化知识转变为对该问题的系统认识。

（三）巧用情境引导学生提出单元核心问题

教师还可以尝试引导学生自己提出核心问题，比如教科版六年级科学上册"能量"单元。原单元结构是先了解电与磁，然后认识电磁铁的磁力，再研究神奇的小电机，最好探讨能量的转换。经过分析不难发现，这样的单元结构一直缺少一个支持持续学习的核心问题。改进后教师先呈现学生熟悉的小电动机，学生玩一玩，尝试将电动机接入电路中，学生经过体验之后教师可以引导学生：关于小电动机，你想提出什么问题？学生可能提出很多具体问题，比如：小电动机里面是有磁铁吗？小电动机里面有什么？但是更多的问题会集中在小电动机为什么可以转？教师可以引导学生将其转变为单元核心问题：为什么电（能）进入小电动机后，它转动起来呢？进而产生很多指向一般概念的问题链：小电机里面导线电流通过后有什么变化？为什么小电机绕线这么多圈？小电动机怎样控制旋转方向？一般情况下教师可以呈现问题情境，比如画一幅图、做一个游戏、观察一个制作等。这些情境引发学生思考或者引发学生共情，然后学生提出口语化的单元核心问题，比如：教师呈现一些历史久远的桥和一些因为设计问题垮塌的桥，然后提出"如果造一座桥你觉得怎样才能更结实？"这时学生就会充分暴露前概念，然后再深入探讨"你认为哪些结构能促进桥更结实，哪些不能呢？"经过学生合作学习他们会提出很多关于结构的观点，从而引出单元的很多学习内容，如果有些内容没有设计，教师可以启发学生或者提示学生，直到单元问题完善。

（四）通过前概念的梳理提出单元核心问题

比如三年级科学"空气"单元，教师先引导学生通过气泡图回忆自己对空气的认识。学生通过多方面对自己已知的与空气有关的概念进行梳理。然后教师将气泡图转变为本单元的核心问题：咱们将继续认识空气是一种什么样的物质。指向了核心概念：空气是一种常见而重要的混合物质。学生在本单元学习中每认识一课，就将对空气的认识完善在班级记录单中，并再次回答"空气是一种什么样的物质？"

（五）通过项目学习提出单元核心问题

项目式学习（project based learning）是一种动态的学习方法，通过PBL学生们主动的探索现实世界的问题和挑战，在这个过程中领会到更深刻的知识和技能。教师可以通过设计一个项目，引导学生持续研究。这个项目问题便是引领单元研究的核心问题。

五、展望

以核心问题展开的单元起始课，是在单元整体备课思考下提出的一种起始课方式。它解决了分课时教学如何建构核心概念的问题。帮助教师改变以往通过分课时目标隐含指向核心概念这种较为低效的方法，使学生在单元一开始就展开对核心问题的研究，并直指核心概念的不断建构。当然单元起始课并非唯一一种模式，以核心问题展开的单元起始课只是其中之一，教师需要选择最适合的方式，帮助学生。

2

第二章

深度学习视域下的物质科学
领域教与学的实践

"光和影"教学设计

——传统文化中的科学推理与论证

中国人民大学附属中学实验小学　杨晓娟

一、指导思想与理论依据

习近平总书记曾指出：在青少年教育中，要重点做好中华传统文化的创造性转化和创新性发展。本课通过实验教具的创新设计将学生对影子变化规律的研究与传统文化皮影戏的表演融合，引导学生从"幕后"到"台前"探索渗透于文化中的科学规律。

从研究领域来看，本课隶属于物质科学，总的认识逻辑是由结果寻找原因，追求因果律，采用的主要方法是溯因法。据此，笔者将本课的结构框架梳理为客观事实—（观察实验）—科学事实—（逻辑加工）—科学规律或本质认识—科学应用。整体采用共变归纳推理和演绎推理相结合的思维方法。

二、教学背景分析

（一）教学内容介绍

1. 课标分析

本课选自教科版《科学》五年级上册"光"单元起始课，隶属于课标中物质科学领域相关内容。

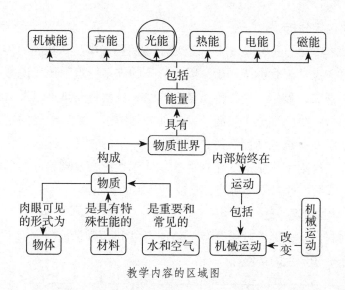

教学内容的区域图

涉及的具体概念有：6.2.1有的光直接来自发光的物体；有的光来自反射光的物体。6.2.2光在空气中沿直线传播；行进中的光遇到物体时发生反射，会改变光的传播方向，会形成阴影。

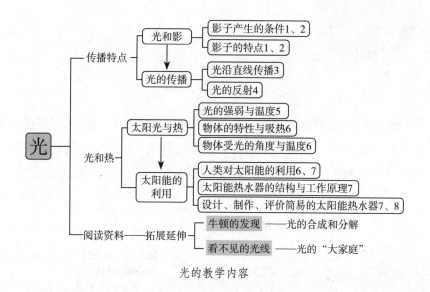

光的教学内容

2. 单元内容分析

本课属于教科版教材五年级上册第二单元的内容，本单元知识脉络清晰，从内容上分为两大学习主题：第一主题为1~4课研究光的传播特点（路径、反射），第二主题为5~8课研究光强弱和温度的关系。

3. 本课内容分析

本课是本单元的起始课，从本课到第4课将指导学生认识光的传播特点。认识光的传播特点从观察影子开始，因为影子的许多特点，比如说影子总是在背光的一面等现象，显示了光的传播是直线的。从教材安排可以看出，本课的内容分为两部分：第一部分是光源；第二部分是影子。学生经历的主要活动有：①通过影子游戏，进入新课学习，总结影子产生的条件。②认识什么是光源。③探究在光的照射下影子的变化规律。④认识投影，发现物体的形状和影子之间的关系。⑤再次通过影子游戏，验证光和影的关系。

（二）学生情况综述

依据教材内容，笔者对任教年级300名学生进行学情前测。

1. 关于影子产生的条件

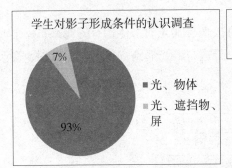

影子产生的条件前测情况

从前测数据可以看出：大部分学生对于影子的产生已经积累了不少经验，他们知道影子的产生必须要有光和物体，但这种认识是不完整的，需要教师设计合理的活动帮助学生建构完整认知。

2. 关于影子变化的规律

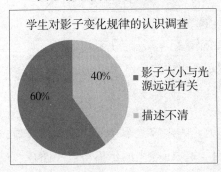

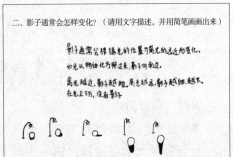

影子变化规律前测情况

从前测数据可以看出：大部分学生能够描述影子大小随光源远近变化，但与此同时又将大小、长短两个不同的影子变化量混为一谈，对于影子变化的其他规律基本描述不清。因此有必要通过教师的指导，获取直接观察并发现光和影子之间规律的体验。

（三）教学策略

1. 教具的改进设计与应用

（1）光源。

在以往教学中，改变光源远近和角度的过程始终需要学生持手电筒进行控制。改进后，将手电筒安装在操作台上，解放了学生的双手，引导学生专注于影子的观察。

（2）遮挡物。

用猪八戒和牛魔王人偶代替教材中的小木块，大大增加了实验的趣味性。

（3）屏的改进。

将以往教学中以墙面为屏改为双面纸屏，并用透明亚克力板固定。格纹纸屏用于实验观察更利于将影子变化的现象转化为数据为寻找影子的变化规律提供更可靠的依据。中国风水墨画用于皮影戏的表演，对水墨画也进行了精心的设计，在四角亭和山水之间留白，目的在于给学生进行皮影戏脚本的创编留有发挥的空间。将四角亭的一根柱子隐藏，目的在于让学生应用改变遮挡物被照射的面可以改变影子形状。将零散的实验材料改为一体式皮影戏舞台，提升了实验装置的系统性和可操作性。

2. 控制变量实验设计

探究影子变化规律的实验涉及多因素变量。因此，需要通过控制变量实验设计进行定量分析。

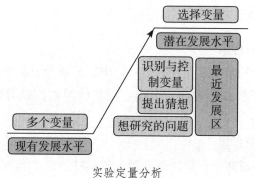

实验定量分析

（四）教学流程图

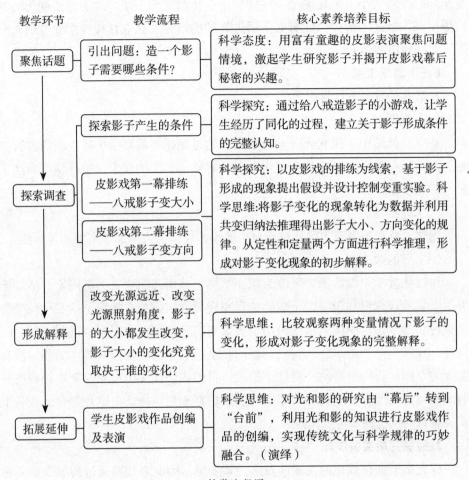

教学环节	教学流程	核心素养培养目标
聚焦话题	引出问题：造一个影子需要哪些条件？	科学态度：用富有童趣的皮影表演聚焦问题情境，激起学生研究影子并揭开皮影戏幕后秘密的兴趣。
探索调查	探索影子产生的条件	科学探究：通过给八戒造影子的小游戏，让学生经历了同化的过程，建立关于影子形成条件的完整认知。
	皮影戏第一幕排练——八戒影子变大小	科学探究：以皮影戏的排练为线索，基于影子形成的现象提出假设并设计控制变量实验。科学思维：将影子变化的现象转化为数据并利用共变归纳法推理得出影子大小、方向变化的规律。从定性和定量两个方面进行科学推理，形成对影子变化现象的初步解释。
	皮影戏第二幕排练——八戒影子变方向	
形成解释	改变光源远近、改变光源照射角度，影子的大小都发生改变，影子大小的变化究竟取决于谁的变化？	科学思维：比较观察两种变量情况下影子的变化，形成对影子变化现象的完整解释。
拓展延伸	学生皮影戏作品创编及表演	科学思维：对光和影的研究由"幕后"转到"台前"，利用光和影的知识进行皮影戏作品的创编，实现传统文化与科学规律的巧妙融合。（演绎）

教学流程图

三、教学目标

（一）科学知识目标

说出影子产生的条件及光源的定义，识别来自光源的光和来自反射物体的光；列出影响影子长短、方向、大小、形状的因素，说明影子的变化是有规律的。

（二）科学探究目标

观察影子，形成影子；设法改变影子的形状、大小和方向，基于实验数据分析影子变化的规律；应用光和影的知识创编并表演皮影戏。

（三）科学态度目标

认真观察，如实记录实验现象和数据。

（四）科学、技术、社会与环境目标

了解传统文化中科学原理和技术的应用。

四、教学重难点

（一）教学重点

设法改变影子的形状、大小和方向，基于实验数据分析影子变化的规律。

（二）教学难点

应用光和影的知识创编并表演皮影戏。

五、教学过程与教学资源

（一）集中话题

师生对话：

同学们看过皮影戏吗？今天老师自编了一段关于《西游记》的皮影戏，请同学们一起来欣赏（皮影戏表演视频）。

皮影戏重要的是用影子来表演，根据你的生活经验，你认为产生影子需要什么条件呢？（生：光源、遮挡物）

这节课我请同学们一起来研究它。（板书课题：光和影）

【设计意图】用富有童趣的皮影表演聚焦问题，激起学生研究影子并揭开皮影戏幕后秘密的好奇心。

（二）探索调查

1. 探究影子产生的条件

（1）教师提出任务：现在就请同学们利用手电筒和猪八戒人偶试着制造猪八戒的影子。

（2）学生活动：制造影子，思考影子形成的条件。

（3）师生交流。利用手电筒和八戒人偶，我们能造出猪八戒的影子吗？（生：不能）还需要什么条件？（屏）

（4）小结：影子的产生需要光源、遮挡物、屏。

如果我们在太阳下走动，会不会产生影子？谁是光源、遮挡物，谁又是屏？（演绎推理）

【设计意图】通过给八戒造影子的小游戏，让学生经历了同化的过程，建立关于影子形成条件的完整认知，并为探究影子变化规律的活动做好知识基础。

2.探究影子的变化规律

（1）皮影戏第一幕排练——八戒影子变大小。

1）教师提问：在刚才的皮影戏中我们发现八戒的影子能够变大变小，老师这里有一个皮影戏舞台，你们能演出这样的效果吗？小组讨论一下设计一个合理的方案。

2）交流实验方案。（改变什么条件？不改变什么条件？影子大小该如何记录？）

自变量	控制不变量	因变量
光源远近	屏、遮挡物	影子大小

3）第一幕分组排练并记录影子的变化。

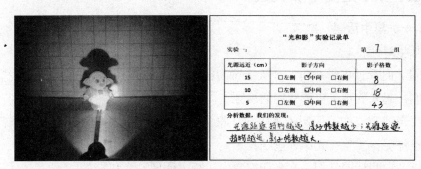

第一幕实验记录

4）汇报交流。（共变归纳推理）

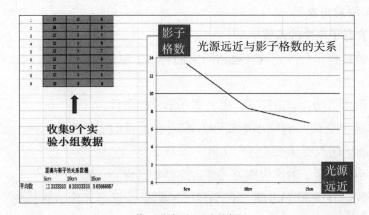

第一幕实验记录数据

小结：影子的大小与光源远近有关。光源离遮挡物越近，影子越大；光源越远，影子越小。

（2）皮影戏第二幕排练——八戒影子变方向。

1）教师提问：我们能用同样的方法演出八戒影子来回奔跑的效果吗？小组讨论一下设计一个合理的方案。

2）交流实验方案。（改变什么条件？不改变什么条件？）

自变量	控制不变量	因变量
光源远近	屏、遮挡物	影子大小
光源角度	屏、遮挡物	影子方向

3）第二幕分组排练并记录影子的变化。

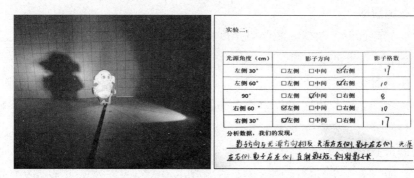

第二幕记录

4）汇报交流。（共变归纳推理）

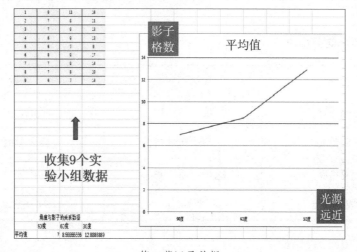

第二幕记录数据

51

小结：影子的方向随光源照射角度的改变而改变，影子总是在背光一面。光源直射时，影子占格少，随着光源斜射的程度越来越大，影子占格也越来越多。

【设计意图】以皮影戏的排练为线索，基于影子形成的现象设计控制变量实验，将现象转化为数据并利用共变法归纳得出影子变化的规律。相比以往教学中的实验设计，自制实验教具——童趣光影仪的使用量化了实验结果，为学生提高认知搭建了脚手架。

（三）形成解释

1. 师生交流

回顾皮影戏的排练过程，如果剧本要求改变影子的方向，怎么演？（生：改变光源照射角度）

2. 教师提问

改变光源远近、改变光源照射角度，影子的大小都发生改变，影子大小的变化究竟取决于谁的变化呢？

3. 小组活动

使用童趣光影仪再次聚焦影子大小的变化，对比观察两种变量情况下影子所占格数的变化。（比较）

4. 展示交流

生：改变光源远近影子整体变大或者变小，大小改变效果明显；改变光源照射角度影子高矮变化明显。

师：我们把影子高矮的变化称为长短的改变。改变八戒影子的形状又该怎么演呢？

5. 教师小结并板书

自变量	控制不变量	因变量
光源远近	屏、遮挡物	影子大小
光源角度	屏、遮挡物	影子方向
光源角度	屏、遮挡物	影子长短
遮挡物侧面	光源、屏	影子形状

板书设计

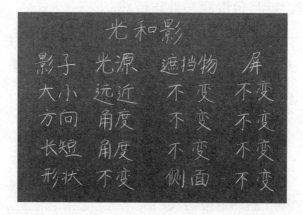

六、拓展延伸

（1）教师提出任务：自编一部关于猪八戒和牛魔王的皮影戏，用iPad录制视频并配音。

（2）小组活动：自编自演皮影戏。（演绎推理）

（3）学生皮影戏作品展示。

七、学习效果评价

科学知识评价	
水平一	说出影子产生的条件及光源的定义
水平二	说出影子产生的条件及光源的定义，识别来自光源的光和来自反射物体的光
水平三	列出影响影子长短、方向、大小、形状的因素，说明影子的变化是有规律的
科学探究评价	
水平一	观察影子，形成影子
水平二	设法改变影子的形状、大小和方向，基于实验数据分析影子变化的规律
水平三	应用影子原理表演皮影戏
科学态度评价	
水平一	认真观察，如实记录
水平二	尊重事实证据，基于证据分析问题

八、教学设计特色说明与教学反思

（1）通过实验教具的创新性设计，将学生对影子变化规律的研究与皮影的体验巧妙融合。在中华传统文化的情境中实现对影子变化规律的提炼与升华。

实验教具

（2）将感性操作转化为定量研究，强化学生证据意识，基于事实证据达成对影子变化规律的本质性认识。

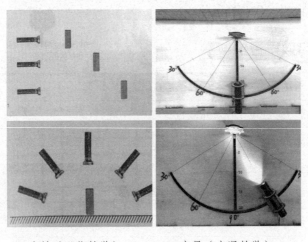

定性（以往教学）　　　　　定量（本课教学）

（3）巧用石墨文档软件，实时共享全班数据，用图形表示规律助力学生数据分析能力的提升。

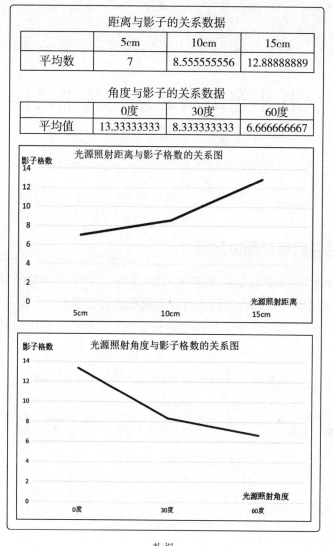

距离与影子的关系数据			
	5cm	10cm	15cm
平均数	7	8.555555556	12.88888889

角度与影子的关系数据			
	0度	30度	60度
平均值	13.33333333	8.333333333	6.666666667

数据

（4）共变归纳推理与演绎推理的综合应用，提升学生推理思维，自然流畅地将探究的要素用"逻辑"串联起来。

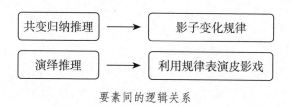

要素间的逻辑关系

"让小车运动起来"教学设计

——共变探因果，逻辑炼思维

中国人民大学附属中学实验小学　杨晓娟

一、指导思想与理论依据

归纳推理的思维进程是从个别到一般，即在大量事实经验的基础上，寻求事物间的因果关系，得到合乎情理的普遍规律或或然推论。

共变法主要应用于科学上被称为定律和原理的概念。在小学科学中表述为科学概念间关系的概念，即可用共变法获得这种关系性概念。

共变法关注的是现象变化的数量或程度，具有定量的特点。

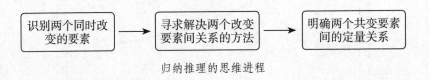

归纳推理的思维进程

二、教学背景

（一）教学内容

1. 课标分析

本课选自教科版《科学》四年级上册"运动和力"单元起始课，隶属于课标中物质科学领域相关内容。

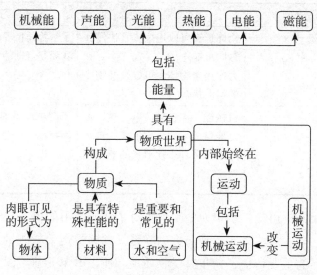

教学内容所属领域

涉及课标中的大概念、分解概念及核心概念如下。

大概念	分解概念	核心概念
4. 物体的运动可以用位置、快慢和方向来描述	4.2通常用速度大小描述物体运动的快慢	知道用速度的大小来描述物体运动的快慢
5. 力作用于物体可以改变物体的形状和运动状态	5.2物体运动的改变和施加在物体上的力有关	举例说明给物体施加力可以改变物体运动的快慢也可以使物体启动或停止

2. 单元内容分析

（1）物质科学领域学习层次分析。

年级、单元	主要概念	学习层次
一下"我们周围的物体" 二上"材料""磁铁" 三上"水""空气"	"物体"是具象化的物质，"材料"是功能化的物质；水和空气是自然界常见物质	了解物质世界的构成特征：世界是物质的

续 表

年级、单元	主要概念	学习层次
三下"物体的运动" 四上"运动与力""声音"	物体运动可以用位置、快慢和方向来描述； 力作用于物体，可以改变物体的运动状态	了解物质世界的存在特征：物质是运动的
四下"电路" 五上"光"、五下"热" 六上"能量"、六下"物质的变化"	机械能、声、光、电、热、磁是能量的不同表现形式；自然界中有多种表现形式的能量转换	了解物质世界"运动"的原因特征：运动是需要能量的

通过单元分析可知，本单元处于学生对于物质学习的第二层级，起着承上启下的作用，学生将建立起运动与力的联系，并感受运动与能量的联系，从而感受物质世界的主要特征，初步感受物质观。所以本单元前三课，学生通过用重力、反冲力、感受到力能够使物体由静止运动起来，力越大，小车运动效果越明显，逐步建立力与运动的关系。但不是所有的力都能够作为小车的动力，于是第四课通过对摩擦力的学习与探究，让学生感受到摩擦力使阻碍物体运动的力，不同运动方式物体受到的摩擦力大小也不同，但最终都会因为摩擦力而静止。通过对前四节课的学习，学生逐渐归纳出力能够改变物体运动状态这一核心概念，建立起运动与力的关系。由于弹簧测力计是利用弹簧"受力大，伸长长"的特征制作的，所以与"用橡皮筋驱动小车"一课进行合并，既是对前三课力有大小进行拓展，也是对弹力概念应用的学习。第五课是在学生建立运动与力的基础上，建立起运动与能量的关系，感受运动的物体具有能量。由于敲击实验、撞击实验中都涉及动能的转化，学生在此可初步感受能量之间的转化，为后续能量的学习做铺垫。

（2）单元教学思路图。

本课定位于单元起始课，开篇激趣的同时感受、建立物体运动与力的关系，为后续的探究活动奠定实践基础和思维基础。

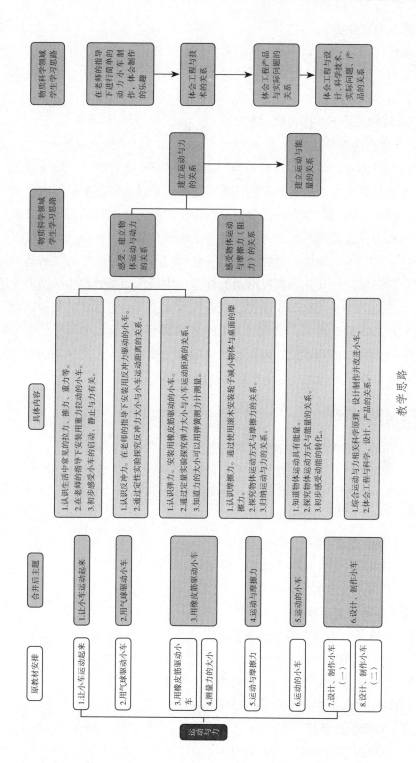

3. 本课内容分析

本课从问题"它们（各种类型的车）都是怎样动起来的"开始，引导学生去调查发现不同车辆的动力来源；然后，设计了"用垫圈的重力作动力"去研究运动与力的关系的活动，引导学生逐步建构"力可以改变物体运动的快慢，也可以让物体启动或停止"这一概念。

（二）学生情况综述

依据教材内容，笔者对任教年级240名学生进行学情前测，发现学生已经见过并体验过各种各样运动的车辆，也对这些车如何运动起来的原因有了一定的了解。但是，他们并没有从科学实验的角度去研究小车运动与力的关系。利用垫圈的重力作为拉动小车的力，这种方法比较容易控制拉力的大小。因此，本课设计了两个不同难度层级的活动：一是研究不同类型的车运动的动力是什么，目的是以学生元认知为探究活动的起点，为后续用拉力做小车动力的研究奠定认知基础。二是用垫圈作动力，研究拉力大小与小车运动的关系，如用多大的力能使小车运动起来，用不同大小的力驱动小车其速度会发生什么变化。此环节通过问题链的巧妙设计将带着学生的思考逐步深入，共变归纳推理的思维进程，最终指向力的大小与小车运动速度间的因果关系。

三、教学策略

（1）问题链的设计推进学生思维进程。

（2）教具改进——小车跑道结构化设计为学生探究活动搭建脚手架。

四、教学目标

（一）科学概念目标

（1）力可以使静止的物体运动，使运动的物体静止。

（2）不同类型的车有不同的动力类型。

（二）科学探究目标

（1）调查了解不同类型车的动力系统。

（2）会安装用重力拉动的小车。

（3）会研究拉力大小与小车运动快慢的关系。

（4）能用实验数据证明自己的推测。

（三）科学态度目标

（1）发展进一步研究运动和力的兴趣。

（2）意识到要用实验数据作为证据。

（四）科学、技术、社会与环境目标

体会到生活中的车辆类型是丰富多彩的，具有不同的动力类型。

五、教学过程

（一）集中话题

师生对话：

早在几千年前，人类就发明了车。我国是最早使用车的国家之一。同学们你们有没有思考过，这些供人们使用的车是靠什么运动起来的呢？

预设：除了煤这种燃料还需要什么驱动装置呢？

除了汽油这种燃料还需要什么驱动装置？

马拉力、人力、蒸汽机、发动机、太阳能，它们给小车提供了什么呢？

预设：让小车运动起来的力叫作动力。

看来，小车需要在动力的驱使下才能运动起来，这节课我们也来试试让自己的小车运动起来（板书课题：让小车运动起来）。

（二）探索调查

1. 至少多大的力才能使小车运动起来

师生交流：杨老师今天带来了一辆小车，遗憾的是它现在还不能动，是静止的。同学们能不能帮老师想想办法让它运动起来？

预设：（生）手推、嘴吹、磁铁、绳子拉。

提出任务：能不能从这些实验材料中找到设计的灵感？（PPT出示实验材料）

学生活动：利用垫圈和绳子让小车运动起来，观察至少用几个垫圈可以让小车运动起来。

师生交流：你们至少用了几个垫圈让小车运动起来的？（生：2个、3个、4个）

小结：看来给静止的小车提供一定的动力就可以让它运动起来。（板书：静止 $\xrightarrow{\text{动力}}$ 运动）我们有没有办法让运动的小车静止呢？你们刚才是怎么做到的？（板书：运动 $\xrightarrow{\text{阻力}}$ 静止）

2. 拉力大小与小车运动快慢的关系

教师提问：现在杨老师想让小车变得更好玩，你们有没有办法让小车跑得更快呢？（预设：增加垫圈的个数）你提出这样的猜想，依据是什么？（增加垫圈个数相当于增加了垫圈的重力，也就加大了给小车的拉力。追问：在这里垫圈个数最终表示了谁的大小？如何确定小车运动的快慢？我们通常用秒表记录什么？时间如何反应速度？它和速度之间有什么关系？）

提出任务：探究拉力大小与小车运动快慢的关系。

学生活动：增加垫圈个数，观察小车运动快慢的变化并完成学习单。

汇报交流：通过刚才的实验你们都记录了哪些有用的证据？由数据你们分析出拉力大小与小车运动快慢有什么关系？

小结并板书：通过同学们的汇报，我们发现在同一垫圈数的情况下，记录的时间却是不同的，这是为什么？（误差）尽管存在较小误差，但是从折线图我们还是能够发现随着拉力增大，小车运动快慢随之变化的规律。你发现了什么规律？（你们同意他的观点吗？）

（三）形成解释

教师提问：事实上，在我们的生活中也能发现力与运动关系的例子，例如我们刚刚结束的足球节，你能从体育运动中找到一些科学的问题吗？（PPT出示运动员踢足球的场景）

交流分享：运动员是怎样改变足球的运动状态的？

场景一：运动员是怎样让球运动或停下来的？

场景二：运动员是怎样改变足球的运动快慢的？

（四）拓展延伸

改变力可以改变物体运动的方向？如何实现？

板书设计

让小车运动起来

动力
静止 ——————→ 运动

阻力
运动 ——————→ 静止

┌ 大小 ——————→ 运动快慢
改变力的 ┤
└ 方向 ——————→ 运动方向

六、学习效果评价

科学知识评价	
水平一	说出力可以使静止的物体运动
水平二	说出力可以使静止的物体运动，使运动的物体静止
水平三	说明力可以使静止的物体运动，使运动的物体静止；举例说出不同类型的车有不同的动力类型
科学探究评价	
水平一	调查了解不同类型车的动力系统
水平二	会安装用重力拉动的小车
水平三	会研究拉力大小与小车运动快慢的关系； 能用实验数据证明自己的推测
科学态度评价	
水平一	发展进一步研究运动和力的兴趣
水平二	意识到要用实验数据作为证据

"神奇的小电动机"教学设计

北京市海淀区育鹰小学　蒋振东

一、指导思想与理论依据

（一）指导思想

尊重学生认知规律，由浅入深，由具体到抽象，帮助学生建构科学概念，保护学生的好奇心和求知欲。

（二）理论依据

《中国学生发展核心素养》中"文化基础"素养部分对培养学生科学精神进行了系统的梳理，本课笔者将重点体现理性思维中"尊重事实和证据，有实证意识和严谨的求知态度"以及批判质疑能力之中的"能从具体现象与事物的观察、比较中提出疑问，能对他人的观点提出不同见解"。本课学生针对"小电动机为什么能够转动起来"这个问题展开探究，学生在前概念阶段、观察电动机实物活动后以及模拟电动机旋转活动后，都会生成新的观点，对这些观点教师都引导学生展开系统的论证，尤其是论证转子是不是电磁铁这个环节，细致地引导学生排除各种干扰因素，充分论证，这体现了尊重事实和证据。在学生模拟转子旋转活动之后，学生会发现原来固定不变的磁极小电机转不起来，对自己原来的认识产生疑问，教师鼓励学生大胆质疑，自我批判，从而展开换向器的认识。

支架式教学源于维果斯基的"最近发展区"理论。维果斯基在谈到教学与发展的关系时指出，对于儿童的学习状态，可以分析出两种水平：一种是目前已经达到的水平；一种是潜在的可能达到的水平，即儿童必须在更有经验的人的帮助下所能达到的水平，这两种水平之间的距离就是"最近发展区"。这一概念的提出为学生提供了发展的可能性。支架式教学强调以"最近发展区"作为教师介入的时空，因此它实际上就是"最近发展区"内的教与学。

支架式教学由以下几个环节组成：

搭脚手架—进入情境—独立探索—协作学习—效果评价。

"脚手架"是建筑行业的常用术语，"支架式"教学在此用它形象地比喻一个观念框架，意指适合学生完成新知识建构的平台。具体地说，"脚手架"就是与科学概念相关联的一些功能性、预备性知识和由它们组合形成的新认识，这些认识可以帮助学生较好地理解与建立科学概念。

二、教学背景

（一）学习内容分析

"神奇的小电动机"是教科版六年级上册科学第3单元第5课。本课属于物质科学领域，发展的核心概念是：一种表现形式的能量可以转换为另一种表现形式。

本单元的教学是从"电和磁"课题开始的。在前几节课的学习中，学生认识了电可以转化成磁，制作电磁铁，本节课是在学习了电磁铁有关知识的基础上，应用磁铁和电磁铁的性质研究最简单的直流小电动机的工作原理，认识到小电动机可以把电能转化成动能。教材内容主要有两部分：

（1）观察小电动机里面有什么：学生观察课前准备的小电动机，结合课本阅读，了解小电动机的构造，培养观察能力。

（2）研究小电动机转动的秘密。在了解小电动机构造的基础上，大胆猜想小电动机的工作原理，并利用准备好的学具进行自主探究实验，验证自己的猜想。

教材安排目标明确，从生活中发现问题，然后展开观察与推理，学生收集证据，然后通过实验对猜想进行研究，最后得出系统的认识。但是从学生学习的角度分析笔者发现以下问题：从学生前概念水平分析，从电动玩具车情境马上进入三极式小电动机的观察与分析难度过大。换向器与电刷可以改变电流方向，是十分抽象的内容，而在"小电机里面有什么"这一部分就开始介绍换向器的作用，大部分学生并没有拆解过小电机的生活经验，对电刷、转子、换向器这些名词都是陌生的，而电刷与换向器又极难理解，导致学生研究一下就进入了识记的"伪探究"之中。分析几个系统之间的协同就成了空中楼阁。

（二）学生情况分析

大部分学生对电磁铁具有磁性认识较好，能够通过吸取铁钉，观察磁针运动判断电磁铁是否产生了磁性，知道磁铁同极相斥、异极相吸。

对于小电机的认识呈现出明显的性别差异，部分学生知道小电机中有磁铁，部分男生能清楚说出磁铁的个数以及转子的形态，而女生基本没有相关的观察经验。

通过分析，发现学生对电产生磁有一定的认识，由于刚刚学习了电磁铁，对电磁铁的性质十分熟悉，但学生对小电机的内部结构认识模糊。

三、教学策略

结合教材与学生前测的分析，笔者制定了以下教学策略：

（1）从学生最熟悉的电磁铁展开本课的研究，帮助学生暴露前概念，产生建构的意图。

（2）通过两次搭建"脚手架"，帮助学生建立科学概念。第一次搭建"脚手架"引导学生先观察"电磁小车"再观察小电动机。通过几种结构相同点的归纳引导学生对电能转化为动能形成了初步认识。第二次搭建"脚手架"，当学生初步认识到小电动机转动原理时，引导学生使用模型模拟电机旋转、判断转子与磁铁的关系，发现自己对概念理解的不足（没有意识到转子磁极是可以变化的），进而完善概念，形成科学概念。

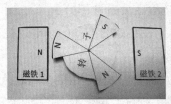 

电机模型   电磁小车

"电磁小车"结构更简单，有学生比较容易认识电磁铁与磁铁，对换向器与电刷的认识也比较容易。通过对它的认识，学生先建立电能—磁能—动能的认识，以此为依托搭建学生前概念与科学概念之间的"脚手架"。

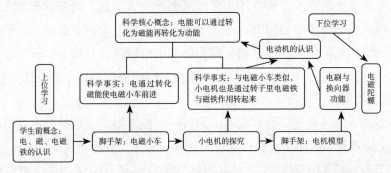

利用"电磁小车""电机模型"搭建"脚手架"在概念建构中的作用示意图

（3）深挖理性思维——利用记录单引导学生展开收集信息、运用信息推理等活动。帮助学生展开长时间的探究活动。本课笔者将重点体现理性思维中"尊重事实和证据，有实证意识和严谨的求知态度"以及批判质疑能力之中的"能从具体现象与事物的观察、比较中提出疑问，能对他人的观点提出不同见解"。本课学生针对"小电动机为什么能够转动起来"这个问题展开探究，学生在前概念阶段、观察电动机实物活动后以及模拟电动机旋转活动后，都会生成新的观点，但是这些观点教师都引导学生展开系统的论证，尤其是论证转子是不是电磁铁这个环节，细致地引导学生排除各种干扰因素充分论证，这体现了尊重事实和证据。

（4）重新梳理学生对于小电动机认识的过程，把教材中认识换向器部分调整到后面：认识结构—猜测功能—认识转子—认识换向器—建立科学概念。

（5）针对三极电机电刷与换向器学生不易观察、不易认识的特点，使用开放式电机模型，方便学生交流，突破难点。

四、教学目标

（一）科学概念
知道小电动机的功能是用电能产生磁能，利用磁的相互作用转化成动能。

（二）过程与方法
（1）用分部分观察、整体观察的方法了解小电动机的构造。
（2）根据小电动机的构造推想通了电后它为什么会转动并收集证据。

（三）情感、态度、价值观
产生探究小电动机的兴趣。

（四）教学技术准备
开放式小电机、磁针、曲别针、电机纸质模型。

五、教学过程

（一）丰富学生直观感知

1. 观看电磁铁游戏体会电能—磁能—动能
教师播放视频学生观察"电磁小车"的大致制作流程，教师引导学生观察并简述原理，体会利用磁的相互作用可以产生动能。

预设：学生比较熟悉电磁铁，能够分析出"电磁小车"是利用电，使电磁铁与磁铁排斥产生动力，部分学生简述会比较零散，需要整理。

板书：电能—磁能—动能。

教学意图：这一部分为后面展开小电机结构与功能的类比推理提供支持，同时为归纳：电可以（通过转化为磁，利用磁的相互作用）动起来，积累直观体验。

2. 认识小电动机的结构

教师播放视频，让学生观察电动机风扇小车，引导学生分析电动机风扇小车，引发学生前概念，引出小电动机。

谈话：为什么通电后小电动机能够转动起来呢?

预设：大部分学生会从结构上分析，层次一：联系电能，有电所以会动起来。层次二：里面有磁铁。层次三：能够猜测与磁有关。一般学生处于层次二水平。对这些假设，教师可以进行非正式板书。

（1）学生带着问题拆解小电动机，初步认识小电动机各部分名称、数量、位置与关系。

（2）引导学生以小组为单位提出关于小电动机转动的猜想，并寻找依据。

【设计意图】通过观察、拆解小电动机模型丰富学生的直观体验、激发学生学习兴趣，为学生分析电动机转动的原因提供思考的时间与基础。

预设：在电动机模型的学习中，除电刷外学生比较容易认识小电动机的各部分。学生能够发现转子像是电磁铁，甚至极个别组能够发现电刷与换向器转动时候接触点会变化电流也因此改变。

3. 汇报小电机转动原因的猜想，教师正式板书梳理

策略：教师帮助学生将观点进行梳理，引导学生不但说出猜想还能够说出依据。将学生提出的观点进行板书梳理，已有证据也板书。最终梳理出观点、已有证据以及需要证据证明的猜想，将重点集中在转子的定性上。

教学活动（一）

教学片段：

生1：我认为这个（小电动机）两边是磁铁，它中间发电后旋转，所以它就开始转动了。

生2：老师我反驳他的意见，因为如果要是发电它（小电动机）发电为什么还用电池呢?

师：（追问）那你认为它（小电动机）中间那是?

生2：电磁铁通电之后……

师：哦我听明白了，他（给生1）补充了一些，他认为排斥是谁和谁排斥?

大部分学生：电磁铁和磁铁。

师：展示电磁铁转子图片，板书假设。

师：大家都说它（指着转子）是电磁铁，你是怎么知道的呢？

生2：我主要是从这两个线圈看形状感觉它是电磁铁。

生3：我觉得他用到电了，就是电磁铁。

生4：我觉得通电后有磁性，看着像（线圈绕铁芯）并不一定是电磁铁。

【设计意图】这一部分，教师引导学生充分从结构上对小电动机的功能进行猜测，把焦点聚焦到转子是不是电磁铁，从而引导学生展开证据的收集，同时注重对学生找证据分层次的培养。最开始学生是看着像就得出推理，可以作为猜测的依据。然后在收集证据之后发现转子可以吸铁能够作为辅助的证据，引导学生通过逻辑推理，寻找关键证据。

（二）寻找证据，开展探究活动

1. 教师提示研究方法，学生展开证据的收集

（1）展示器材——曲别针和指南针，引导学生提出证明方法。

（2）根据学生所说寻找证据的方法提示学生要确保数据的有效性。

示例：电路短路或者断路（没电），转子没有吸引磁针——推论转子不是电磁铁。

磁铁干扰吸引磁针——误认为是转子吸引的——转子是电磁铁。

提出要求：设计一个流程要排除干扰，反复确认证据的有效性，收集证据。

以记录单引导学生展开证据的收集。

2. 引导学生初步提出收集证据的方法，教师引导学生关注关键证据

【设计意图】引导学生通过收集证据验证猜想的正误，培养学生实证精神。通过本部分的探究引导学生认识到转子是什么。

教学片段：

生1：我们想拿曲别针接近电磁铁，曲别针就会被它吸起来。再看看指南针会不会偏转。

师：如果这个装置通电之后，它（磁针）偏转，说明就是电磁铁。

生2：应该用一个指南针就可以了……

师展示PPT，重复学生的观点。

大部分学生突然意识到问题：不一定！

师引导学生，除了证明转子有磁性，还要排除掉它是磁铁。根据电磁铁的特性寻找关键证据，证明它是电磁铁。

【设计意图】培养学生实证精神，首先要培养学生科学严谨的态度。最佳途径就是运用推理。学生开始的思维都是直接的，简单地认为只要看到什么现象，就可以得出什么结论。这时候教师引导学生自我反思，才发现自己思维的漏洞。收集证据前才有意识地运用推理。哪些证据是有效的，哪些证据是无效的，寻找关键证据。

（三）汇报发现，形成初步认识

（1）引导小组汇报本组发现证据的方法，以及证据。

（2）学生结合证据对猜想进行论证。

预设：通过探究活动，学生能够证明转子是三块电磁铁，从而印证了学生的猜想：小电动机靠转子产生磁性，利用磁的相互作用产生动能。

（3）引导学生明确认识：小电动机转动原因：通电的转子产生磁性，与磁铁相互作用。

板书：电能—磁能—动能。

（4）总结指向核心概念：展示三种电能转化为动能的设备，引导学生归纳共同点。

有些结构可以靠相互作用，转变为动能。

（5）教师补充：转子磁极的分布。

教学片段：

第一组：展示——指南针遇到电磁铁偏转了。

第二组：展示——我们找到的是转子通电时产生了磁性，没有通电时就没有，说明它是电磁铁。

第三组：大家先看转子往哪边转。如果我们把正负极调换，它旋转的方向也调换了。说明它的磁极在变化。这是电磁铁的特征。

（学生掌声）

教师总结：大家的证据都有价值，价值质疑证明转子确实产生磁性，然后通过电磁铁的特性，排除了磁铁，证明转子真的是电磁铁。

（四）发现疑问，再次探究

（1）利用已知的数据模拟小电机的转动，发现自己已有概念的问题。

谈话：老师也明白了，比如这幅图，中间的转子通电后产生磁性，磁极不同。两边的磁铁就会对其产生排斥或者吸引，然后它就转动了。那我们模拟一下转动的过程，比如现在，你发现什么问题？

预设：原本学生以为已经掌握小电动机转动的原因，但是实际模拟时，发现当转动到一定程度时，左右两侧都会被吸引，从而卡住。

（2）展示PPT学生大胆猜想——只有磁极改变才能使小电机转起来。

（3）指导学生收集证据。

教学片段：

师：我们按照理论模拟试一试……

生：议论纷纷——又吸上了、卡住了。

师展示PPT，鼓励学生大胆猜想。

生小声议论：换极了。

师：大胆发表观点。

生发表观点：磁性（磁极）换了。

【设计意图】这一部分教材中的安排是研究一开始就告诉学生换向器的作用，学生其实是很难理解的，只有学生充分认识转子的结构、功能后，才能开始思考转子磁极的问题。学生初步建立概念，笔者通过模拟装置使学生又发生了认知上的不平衡，从而展开新的研究。整体对神奇的小电动机的认识就是从结构猜想功能，认识到简单的原理后再细化认识的过程。学生在不断地深挖转子是什么，转子怎么工作，从而体会能量转化装置的神奇。

（五）应用概念

展示电磁陀螺，它是怎样转起来的？

板书设计

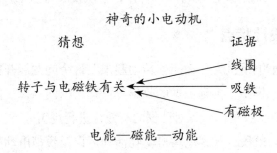

神奇的小电动机

猜想　　　　　　　　　　　　　　证据

转子与电磁铁有关　　　　　线圈
　　　　　　　　　　　　　吸铁
　　　　　　　　　　　　　有磁极

电能—磁能—动能

六、学习效果评价

（一）评价方式

（1）本课采用过程评价与结果评价相结合，教师评价与学生评价相结合的方式。在课堂中，教师对学生的发言、小组活动以及参与态度进行有针对性的点评。鼓励同学之间、组与组之间互相激励。

（2）教师利用学生记录单进行过程性评价。

参与水平1：能够通过一种方式表达自己最初的想法。能够简单记录观察到的现象。

参与水平2：利用几种方法寻找证据，尝试证明最初的想法。

参与水平3：利用几种方法表达自己的想法，利用证据修正想法。

（二）评价量规

（1）概念。

水平1：知道小电动机的功能是用电能产生磁能，利用磁的相互作用转化成动能。

水平2：将小电动机的结构与其将电能转化为动能的功能进行对应说明，认识到小电动机在能量转化时各部分的功能。

（2）过程与方法。

水平1：观察小电动机构造，能够提出其转动原因的猜想。

水平2：尝试收集证据，并用证据论证。

水平3：在收集证据前尝试分析证据是否有效。

（3）态度。

水平1：在学习过程中不能与同学进行合作，学习兴趣不大。

水平2：在学习过程中主动与同学合作。

水平3：在学习过程中主动与同学合作，喜欢发表自己见解。

七、教学设计特点

本课针对"小电动机为什么能够转动起来"这个问题展开探究，从电磁小车到观察小电动机模型，再到证据的收集等活动，由浅入深。同时注重培养学生证据意识，尊重证据的同时，对证据的有效性进行逻辑分析。

学生在前概念阶段、观察电动机实物活动后以及模拟电动机旋转活动后，都会生成新的观点，对于这些观点教师都会引导学生展开系统的论证，尤其是论证转子是不是电磁铁这个环节，细致地引导学生排除各种干扰因素，充分论证，这体现了尊重事实和证据。不断深挖小电动机是怎样将电能转化为磁能的，解决了1英里①宽、1英寸②深的问题，通过解决问题提升学生的学习兴趣。

在学生模拟转子旋转活动之后，学生会发现原来固定不变的磁极小电机转不起来，对自己原来的认识产生疑问，教师鼓励学生大胆质疑，自我批判，从而展开对换向器的认识。

八、教学反思

本课针对"小电动机为什么能够转动起来"这个问题展开探究。首先，本课的趣味性还可以再提升，可思考怎样让学生玩中学，除了通过发现与解决问题提升学生的满足感，如何更好地吸引学生，值得笔者再思考。可以略微降低难度，以更新的形式展开教学。

其次，本课的教学手段还可以再创新，新技术、新方法的运用还可以更多，通过技术手段比如微课、VR等解决一些看不见、看不清、理解困难等问题。

最后，教师的语言还可以更加精练。

---

① 1英里≈1.6千米。
② 1英寸≈2.5厘米。

"水珠从哪里来"教学设计

北京市海淀区育鹰小学　蒋振东

一、指导思想与理论依据

（一）指导思想

《面向全体美国人的科学》一书的导言中就明确指出：科学的思维习惯能够帮助各界人士明智地处理问题，这常常涉及取证、定量分析、逻辑推理和不确定性。学生在科学探究中运用科学思维，发展科学思维建构科学概念。在科学探究中，学生不仅使用观察、分类、交流、测量、推论、预测、假设等科学方法，而且使用逻辑、想象以及以证据为基础的思维来形成并修正科学解释，识别和分析各种模型，交流并捍卫自己得出的科学结论。在探究中充分练习科学思维方法，科学思维才能逐渐形成，从而避免程式化，表面化的科学探究。

（二）理论依据

美国教育家库恩是研究科学思维领域的代表人物。他提出：学生科学思维的发展主要体现在以下几个方面：能够对证据和理论作出区分；能够尊重证据和理论；能不时地注意到理论和证据的不一致，并乐于作出协调的尝试。本课教师就是通过引导学生提出自己的观点展开推理。通过观察收集证据，从而发现理论与证据并不一致，然后尝试修正自己的观点。

（三）逻辑推理

逻辑推理能力是一种思维能力。本课通过在真实情景中引导学生动脑筋、想办法，尝试运用演绎、归纳等方法分析问题，开展探究活动。发展学生的思维，帮助学生建构科学概念。

二、教学背景

（一）学习内容分析

1. 整体位置

本课是教科版科学三年级下册"温度与水的变化"单元第5课，属于"物质世界——常见的物质——水和空气"部分内容。指向的主要概念是"水是一种常见而重要的单一物质"。学生在三年级上册已经认识了一些水的性质，本册开始认识水的各种状态变化，在上一课学生刚刚观察了水结冰与冰融化，本课展开最为不易理解的水蒸气凝结现象。

2. 科学思维分析

本课是一个概念转变的过程，因为日常经验的影响，很多学生的前概念是存在问题的。比如有些孩子认为有冰块的玻璃杯壁上出现水珠是因为水是从玻璃壁上漏出去的，或者是"飞"出去的等。学生观察收集证据的过程就应用到了演绎推理。假设"水珠"真的是从内部出去的，那么会出现种种现象。学生在细致观察中发现证据与推理不相匹配，从而否定推理。而论证"水珠"与遇冷的关系时又可以充分运用归纳推理——有冰的杯子出现小水珠；冷的勺子可以出现小水珠；冷的空杯子可以出现小水珠；冷的玻璃棒可以出现小水珠等等。归纳推理出小水珠与遇冷有关。

3. 教材具体安排与思考

教材共有三部分，首先是通过现象引导学生提出玻璃杯上的水珠是从哪里来的假设。通过生活经验、实际观察证据、实验研究等方法展开研究，纠正前概念，形成"水珠"是从外面产生的认识。第二部分继续完善认识，补充产生水珠的条件的认识——遇冷。最后结合本课研究展开大胆推测——水珠是水蒸气遇冷产生的。

（二）学生情况分析

针对本课的科学概念，笔者对学生展开了前测。在非教学班级抽样调查了学生对水珠从哪里来的猜测。引导学生通过画图的方式阐述自己的观点。

1. 数据

从外面形成的　　　从上面气体流出

14%

22%

14%

液体溢出

50%

从侧面冰化成水流出

"水珠从哪里来"前测数据

2. 前测情况

前测显示大部分学生认为杯子壁上的液体是从内部出来的，包括溢出、蒸发、渗透等假设。少数学生猜测可能是从外部自己产生的。

3. 前测分析

通过前测笔者发现，学生的前概念对学生受液体各种性质认识的影响有一定错误，学生认为冰融化成水就是导致水珠产生的原因，很多学生认为玻璃杯在冰的作用下是可以透过冷水的，另有少部分学生受液体蒸发认识的影响认为水珠是杯子内的水以气体形态飞出去的，也就是学生没意识到空气中也有水蒸气。

三、教学策略

结合教材与学生前测的分析，笔者制定了以下教学策略：

（1）推理与证据相结合，展开丰富的推理与收集证据活动，推动学生反思认识、重构概念。

在以往的教学过程中我们往往让学生被动地展开概念建构，学生各种关于水珠产生原因推理并没有得到真正重视。教师只用一个实验就把学生前概念否定了，学生在半信半疑中开展后续研究。学生在解释某些科学问题时，一开始也往往并不遵循逻辑性，教育家称为朴素理论。新课标提出，保护学生的好奇心和求知欲。要重构学生的科学概念，笔者将充分尊重学生的前概念，引导学生展开丰富的论证活动。引导学生做好假设，通过主动观察现象、展开对比等得到丰富的证据，从而重构概念。

（2）充分考虑学生的年龄特点，设计好思维梯度，以丰富的材料促进学生开展假设与验证活动，帮助学生建立科学概念。

因为三年级还没有经过长期的逻辑推理训练，在培养思维的过程中笔者通过表格的形式引导学生展开推理，这样对学生有一定的引导。学生提出假设没有思路或者思路单一，笔者为学生提供从各种角度去感知的材料，方便学生发散思维展开验证活动，比如有的学生从质量变化思考，有的学生从气体流动思考，有的学生用替换的方法研究。

四、教学目标

（一）教学目标

1. 科学概念

水蒸气遇冷会凝结成水。

2. 过程与方法

观察到盛有冰块的塑料杯外壁有许多小水珠，思考小水珠是从哪里来的，形成科学的解释。通过实验和分析，探究塑料杯外壁上小水珠的形成与杯内冰块的关系。

3. 情感、态度、价值观

初步认识到证据对验证假设的意义和价值。

（二）教学技术准备

小组：贴纸、保温桶存放冰块、夹子、冷冻的干燥玻璃块、玻璃杯两个（有盖、无盖）、秤、颜料、金属勺、金属球、塑料袋、毛巾。

五、教学过程

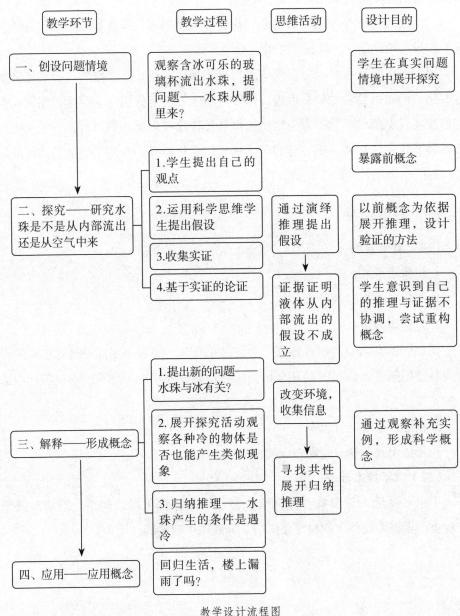

教学设计流程图

（一）创设问题情境

（1）教师介绍情境：我们刚刚研究了冰，老师喝可乐的时候就想加一些，结果在冰融化的同时我又发现了一个奇怪的现象——玻璃杯装的冰镇可乐外面有一层小水珠（播放视频）。

（2）提出问题：这些水珠是从哪里来的呢？

【设计意图】可乐加冰是学生最常见的生活内容，通过生活引出问题更容易引发学生对前概念的回忆。同时可乐又不同于一般液体，它有色有味道，有时候学生喝可乐还是有盖子的，更容易引发学生互相质疑，展开更复杂的思考活动。

（二）探究——研究水珠是从内部流出还是从空气中来

1. 学生提出自己的观点展开交流

（1）教师引导：你认为水珠是从哪里来，生活中哪些现象类似或者能够支持你的观点？请你在贴纸上画一画，箭头开端表示水珠产生的位置，最终水珠在玻璃杯外侧，是箭头的终点。

（2）引导学生发表观点，开展合作学习。

学生提出自己的假设，教师引导学生说出观点的依据。引导同学互相评述补充。

预设：通过前测，学生有的认为冰块融化导致液体溢出，液体从杯子缝隙流出，进入空气再凝结成水珠等。引导学生倾听同学的观点，对支持的部分给予自己思考到的例证，对不支持的观点提出不合理之处。针对水珠从内部流出，也有学生可能会提出：流出的不是可乐，杯子并没有缝隙，冰融化水也不会漫过杯子等。而支持内部流出观点的往往可以提出：空隙太小，可乐被过滤了，冰确实可以融化为水等支持自己的观点。

（3）教师总结，板书。

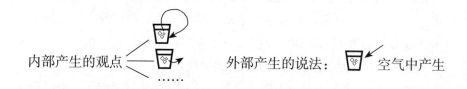

引导学生明确探究的目的：如果能够证明水珠是内部产生的，就可以排除另一种说法。

2. 小组合作提出假设

（1）教师引导学生展开假设：那么杯子里的水真的是从上面溢出来的吗？真的是从侧面漏出的吗？

我们可以讨论一下，选一个假设，然后说一说如果出现什么现象就能说明空气是从上面出来的，如果真的从里面水流出来的，又一定会出现什么现象。

教师举例：

如果（贴纸）是真的		
	我们这样做	一定能看到什么现象
假设一		
假设二	杯子里的水/杯子外面的水	一定能有什么变化

材料图片：冷冻的干燥玻璃块、玻璃杯两个（有盖、无盖）、秤、颜料。

【设计意图】这里学生通过讨论，尝试填写表格展开推理，设计假设，然后再设计实验去验证假设。这里的推理还很简单，主要是学生通过推理展开研究问题的思路，从而开展设计研究方案这一探究活动。三年级学生很难理解充分条件假言推理后件真前件并不一定真。所以在学生介绍研究方案时教师会帮助学生把前件后件梳理好。

（2）学生介绍自己设计假设的过程。

学生互相评价，提出疑问，教师及时点评。

预设1：学生比较容易想到的是如果液体是从缝隙留出来的，那么有颜色的水应该外面是有色的。但是也有学生会认为缝隙太小，颜料没有通过缝隙，因为学生还没有学习溶解。教师可以提示一下内部流出这种观点核心——里面有水，水流出来了。鼓励孩子换一种更严谨的方法。

预设2：也可能有（少部分）学生会想到水流出来里面就轻了，鼓励孩子大胆猜想，细节把握好（擦外面水）。提示学生真轻了不一定是流出来，但是如果重量一点变化没有那肯定是没流出来。

预设3：会有孩子想到加盖子的方法。

预设4：很少有学生想到用替换的方法，可以在学生有需求时提示。如果真有学生想到，多学生解释，直到大家理解。

（3）将假设与要观察的现在整理成实验。给小组一点时间，商议：我们怎么做，观察什么现象，怎样记录。

3. 汇报现象，得出结论

（1）排除不成立的观点。

（2）形成推论：由此实验得出水珠来自杯外，杯外有什么呢？引导学生得出：水珠来自杯外的空气。

（三）解释—形成概念

（1）提出问题：水珠的产生与冰有关系吗？

（2）学生提出见解。

预设：因为前面有冷冻玻璃块的观察，部分学生可以意识到冰并不是必需，大部分学生认为冰是必需的。

（3）展开观察：倒了冰的玻璃杯仍然产生水珠。

（4）学生提出观点：冰使玻璃杯降温，冰不是必需。降温的物体使空气遇冷形成水珠。

观点转换为假设：冷冻的勺子、金属筷子也可以产生小水滴。

（5）学生探究观察实验。

（6）学生汇报现象，通过梳理形成科学概念水蒸气遇冷会凝结成水。

（四）应用

冬天窗台上出现了很多水，玻璃上，地上都是。这些水是楼上漏下来的吗？

板书设计

水珠从哪里来

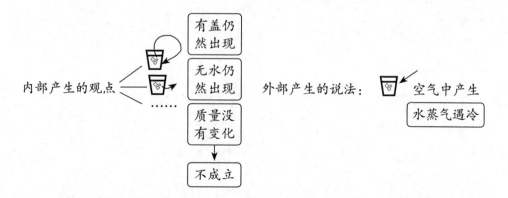

第三章

3

深度学习视域下的生命科学
领域教与学的实践

"食物在身体里的旅行"教学设计

中国人民大学附属中学实验小学　杨晓娟

一、指导思想与理论依据

恩格斯在《自然辩证法》中对系统观的论述指出，系统是自然界物质的普遍存在形式，自然界的物质系统具有其特性。人体本身即是系统，因此也具备系统应有特征。

（一）结构性

人体由多个系统组成，每个系统包含多个器官，每个器官在系统中有特定的位置，发挥着各自不同的功能。

（二）层次性

细胞、组织、器官、系统、个体，由微观到宏观地诠释了生命系统的构成层次，如呼吸系统、消化系统在维持正常生命活动的结构层次中扮演着重要的角色。

（三）开放性

人体是一个在内部和外部不断进行物质循环，能量流动和信息交流与反馈的开放系统。

小学生对人体已有认知不足，他们头脑中的人体是由不同器官构成的，每个器官仅仅是各自独立的人体一部分。人体作为"暗箱"研究有困难，因此教师要为学生提供形式多样、内容丰富的人体信息，引导学生进行推理和抽象，建构呼吸、消化等系统的模型，促进学生形成"结构与功能""系统与模型"的跨学科概念。

2022年版新课标指出，建构模型是科学研究工作的核心内容之一，教学中进行模型建构可以帮助学生模拟科学家的思维。通过建构模型，可以引导学生抓住事物最主要的特征和功能，以简化的形式再现原型的结构和功能，在建构生物模型中完善对生物体结构层次的认知。

模型思维是以经验事实为基础建构模型的抽象概括过程，以及利用模型解释、预测原型的类比推理过程。主要包括：

①充分认识原型，形成低阶感性认识；

②抽象概括出模型，明确模型组成结构要素和特征；

③建立实体模型，抽象模型具体化；

④应用检验模型，在模拟过程中对原型产生高阶具体理性认识。

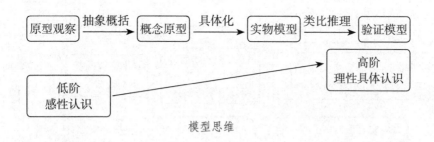

模型思维

二、教学背景

（一）课标分析

"呼吸与消化"单元是教科版小学科学教材四年级上册第二单元内容。本单元教学内容涉及所有4个跨学科概念。

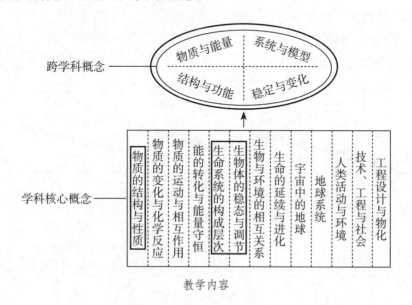

教学内容

本单元重点指向：结构与功能、系统与模型两个跨学科概念和"物质的结构与性质、生命体统的构成层次、生命体的稳态与调节"3个学科核心概念。

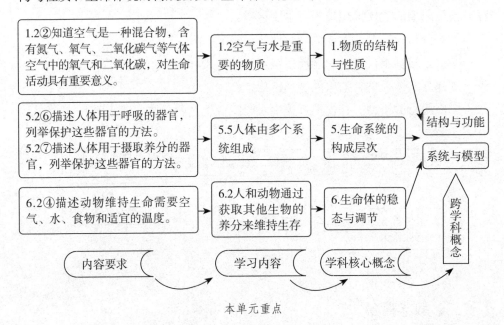

本单元重点

本单元围绕此3个学科核心概念、3个学习内容、4个内容要求展开研究。在帮助学生建构呼吸系统、消化系统的过程中，借助分析与综合、类比推理、模型建构等学科思维方法，使学生感知生命的结构性、层次性与开放性，渗透"结构与功能""系统与模型"的跨学科观念。

（二）教材分析

教材中涉及生命科学单元如下：

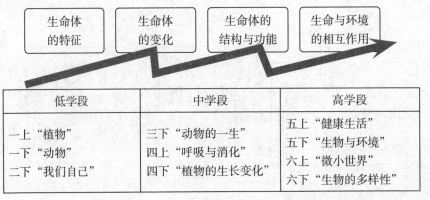

低学段	中学段	高学段
一上"植物"	三下"动物的一生"	五上"健康生活"
一下"动物"	四上"呼吸与消化"	五下"生物与环境"
二下"我们自己"	四下"植物的生长变化"	六上"微小世界"
		六下"生物的多样性"

生命科学单元

低年级大量对植物、动物和人的观察，帮助学生获得对生物生命特征的认识；中年级对动物一生和植物生长变化的认识，帮助学生了解生物的发育和繁殖；呼吸与消化单元帮助学生建立联系，认识到生命体由系统组成，各系统要素协同工作。

高年级用"健康生活""生物与环境""微小世界""生物的多样性"四个单元，帮助学生建立联系的观点，认识生物的多样性。

教材逻辑线索为"生命体的特征——生命体的变化——生命体的结构与功能——生命与环境的相互作用"，体现了由简单到复杂、由低等到高等、由个体到整体、由结构简单到结构复杂、由宏观到微观的科学认识过程。

以此为基础，结合物质科学领域和地球与宇宙科学领域，帮助学生建立科学观念：多样性与共同性，认识到世界充满多样性与共同性。

二下"我们自己"	四上"呼吸与消化"	五上"健康生活"
1.观察我们的身体	1.感受我们的呼吸	1.我们的身体
2.通过感官来发现	2.呼吸与健康生活	2.身体的运动
3.观察与比较	3.测量肺活量	3.心脏和血液
4.测试反应快慢	4.一天的食物	4.身体的"总指挥"
5.发现生长	5.食物中的营养	5.身体的"联络员"
6.身体的"时间胶囊"	6.营养要均衡	6.学会管理和控制自己
	7.食物在口腔里的变化	7.制订健康生活计划
	8.食物在身体里的旅行	

教科版科学教材"人体系统"相关单元

纵观新版教材全册，人体系统相关学习内容从二年级"我们自己"单元开启，四年级"呼吸与消化"单元在"我们自己"单元学习的基础上，进一步探索人体内部结构及其与外界物质的联系。学生体验、探究人体呼吸与消化过程；了解空气、食物对生命健康的重要性；认识人体用于呼吸与摄取养分的器官。五年级"健康生活"单元则基于现代健康新理念，继续学习人体运动系统、血液循环系统、神经系统的相关知识，建立人体"系统"观念，引导学生养成健康的生活习惯。

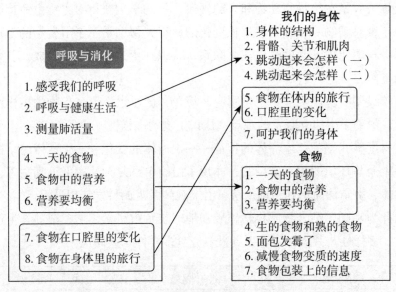

人体"系统"观念

新版教材"呼吸与消化"单元通过有机整合，在关注我们人体呼吸与消化系统的基础上，更凸显人体的开放性，即人体是一个在内部和外部不断进行物质循环，能量流动的开放系统。

跨学科核心概念	课时内容	学习内容
结构与功能 系统与模型	1.感受我们的呼吸	关注呼吸与健康的关系
	2.呼吸与健康生活	
	3.测量肺活量	
	4.一天的食物	研究食物对生命健康的重要性
	5.食物中的营养	
	6.营养要均衡	
	7.食物在口腔里的变化	探索食物消化的过程与变化
	8.食物在身体里的旅行	

本单元以"结构与功能"为线索设计有层次的探索活动：引领学生通过对呼吸活动的体验与探索，对食物的统计、分类、实验及食物消化过程的观察与实验，了解空气、食物对生命健康的重要性，认识人体用于呼吸与摄取养分的器官，建立系统的人体结构概念，意识到保护这些器官的重要性，能列举保护这些器官的方法，初步形成健康生活的意识与习惯。

本单元共有8课时，在研究内容上可划分为3部分：

1~3课：关注呼吸与健康的关系；

4~6课：研究食物对生命健康的重要性；

7~8课：探索食物消化的过程与变化。

以此促进学生对人体系统的认识与理解，为高段学习"健康生活"打下基础。

三、教学目标

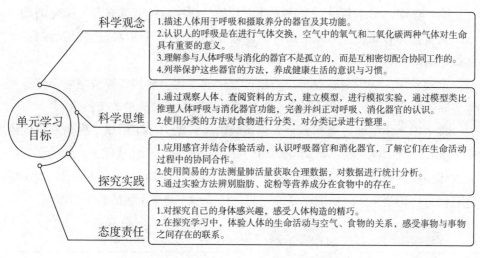

科学观念
1.描述人体用于呼吸和摄取养分的器官及其功能。
2.认识人的呼吸是在进行气体交换，空气中的氧气和二氧化碳两种气体对生命具有重要的意义。
3.理解参与人体呼吸与消化的器官不是孤立的，而是互相密切配合协同工作的。
4.列举保护这些器官的方法，养成健康生活的意识与习惯。

科学思维
1.通过观察人体、查阅资料的方式，建立模型，进行模拟实验，通过模型类比推理人体呼吸与消化器官功能，完善并纠正对呼吸、消化器官的认识。
2.使用分类的方法对食物进行分类，对分类记录进行整理。

探究实践
1.应用感官并结合体验活动，认识呼吸器官和消化器官，了解它们在生命活动过程中的协同合作。
2.使用简易的方法测量肺活量获取合理数据，对数据进行统计分析。
3.通过实验方法辨别脂肪、淀粉等营养成分在食物中的存在。

态度责任
1.对探究自己的身体感兴趣，感受人体构造的精巧。
2.在探究学习中，体验人体的生命活动与空气、食物的关系，感受事物与事物之间存在的联系。

科学思维
分析综合、类比推理等科学思维方法的内化

探究实践
具有科学探究意识，建构模型进行模拟实验

科学观念
从科学视角形成对自然现象的基本认识，运用科学知识解释自然现象

态度责任
具有学习科学和探索生命的内在动力，养成健康生活的意识与习惯

核心素养

教学目标

四、教学重难点

（一）重点

通过观察人体、查阅资料的方式，建构模型，进行模拟实验，通过模型类比推理人体呼吸与消化器官的结构与功能。

列举保护这些器官的方法，养成健康生活的意识与习惯。

（二）难点

认识参与人体呼吸与摄取养分的器官不是孤立的，而是互相密切配合协同工作的。

五、整体教学思路

模型思维是本单元学习的主线。

第1至3课，学生体验呼吸活动，建构呼吸系统模型，认识呼吸的本质是气体交换的过程，呼吸系统负责与外界进行物质交换。

第4至6课，学生通过对食物统计、分类，研究食物营养成分等探究活动，认识到食物具有能量，为最后两课人体通过消化系统与外界进行物质与能量交换做好铺垫。

第7、8课，学生观察食物在消化过程中的变化，建构口腔模型和消化道模型，通过模拟实验，认识到消化系统与外界进行物质与能量的交换。

整个单元学生通过建构多个人体系统模型，助力学生形成"生命系统的构成层次""生命体的稳态与调节"2个学科核心概念。在此基础上，帮助学生建立人体系统的概念，知道每一项生命活动都需要不同的器官协作完成，为了促进它们更协调地工作，我们要爱护它们，初步形成健康生活的意识与习惯。

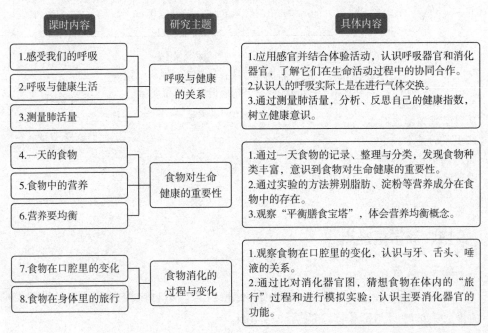

"呼吸与消化"单元框架

六、教学设计

食物在身体里的旅行——"包小包"的光荣之旅

（一）内容分析

"食物在身体里的旅行"是"呼吸与消化"单元第8课。本节课主要是在学生对消化系统原有认识、理解基础之上，通过观察消化系统立体模型，建构生物模型进行模拟实验。初步认识消化道器官结构特征及功能，感受食物消化需要多个器官共同参与完成。

作为单元最后一课，在第4、5、6课，让学生认识到食物丰富、搭配合理才能营养均衡的基础上，让学生认识到人体通过特定系统和外界进行物质与能量的交换；在第7课，感受口腔多个器官协同工作完成初步消化基础上，再次感受食物消化需要多器官共同参与；与第1课"感受我们的呼吸"前后呼应，通过模拟实验，进一步认识到人体每一项生命活动都需要不同的器官分工协作完成，使学生感受到人体是一台复杂而神奇的机器，有多个系统分工配合，共同维持生命活动，进而帮助学生建立人体系统的概念。

本课研究人体参与摄取养分器官的结构与功能。主要实践活动有两个：

活动一：绘制食物在人体内部的消化过程，并依据人体消化系统图进行修正。

活动二：对"食道"和"胃"两种器官的形态与功能进行模拟实验研究。

食物的消化是由多个器官共同参与完成的，单独模拟"食道""胃"两种器官容易让产生割裂感，无法让学生充分体会到各器官的协同配合，不利于学生建立"系统化"的人体结构概念。

消化系统作为人体"暗箱"，对于学生来说是十分陌生的，仅仅通过观察消化道图片很难让学生充分认识原型，需要教师提供消化系统立体模型、科学资料等，丰富学生认知，建构消化道模型进行模拟实验，让学生认识各消化道器官结构特征及功能，初步明确身体内部有一整套器官来分解食物，食物进入人体以后是在一整套消化器官作用下才被吸收利用的。

（二）教学形式的调整

活动一：拼摆消化道线路图，根据立体模型进行修正。

消化系统立体模型

学生拼摆平面模型

　　活动二：利用给定材料，建构消化道模型，认识各器官结构特征与功能的联系。

　　通过在完整的消化道模型中模拟食物消化吸收过程，学生更深刻地体会到各器官的结构与功能是相适应的，各器官是协同工作的。

（三）教学流程图

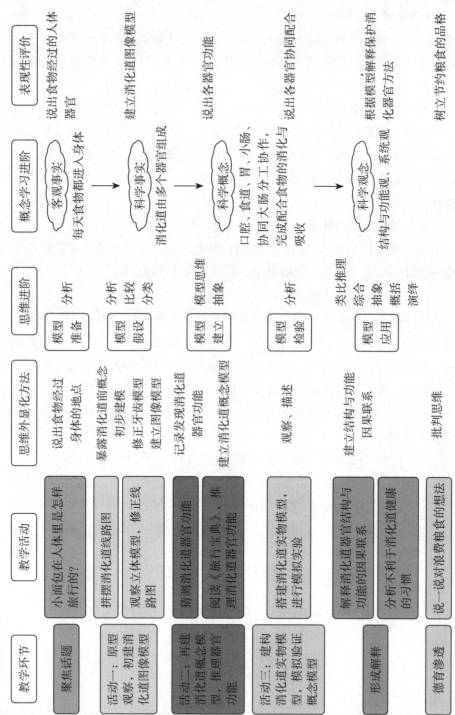

教学流程图

（四）学习者分析

为更全面地了解学生原有生活经验和已有认知能力水平，设计更有针对性的教学活动，提升学生科学核心素养和思维能力，对授课年级四年级学生进行了访谈了解，发现：

1. 科学认知水平分析

对消化道器官有一定的初始认识，学生一般知道口腔、食道、胃、肠等消化器官的名称，但对它们的功能了解模糊，甚至有些认识不正确，如许多学生认为食物的营养是在胃被吸收，对食物先经过小肠还是先经过大肠的认识也是模糊的。

2. 科学探究能力分析

学生具备模拟实验的能力，能够较清晰地通过iPad记录实验现象；具备一定的设计模拟实验能力，能够根据实验目的设计模拟实验。

3. 科学思维水平分析

四年级的学生正处于具体形象思维向抽象逻辑思维过渡的关键阶段，有抽象概念，能运用表象进行逻辑思维，但此阶段学生的思维仍需要具体实物的支持。在人体系统的学习中，通过模拟实验的过程及现象为学生的抽象逻辑思维提供具体实物，为学生理解生命体结构与功能相适应提供支持。

针对"食物在身体里的旅行"一课，笔者对四年级6个班240名学生进行了前测，分析如下：

① 请说出口腔以下有哪些消化器官，它们分别有哪些功能。

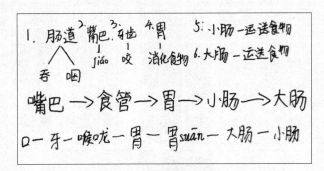

口腔前测情况

反馈：

76.5%的学生只能说出3种及以下消化器官，但基本不能解释器官功能。

19%的学生能说出食道、胃、小肠、大肠，只能解释其中至多两种器官功能。

4.5%的学生能够按食物进入人体的顺序说出食道、胃、小肠、大肠，能解释其中至多2种器官功能。

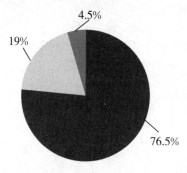

■ 只能说出3种及以下消化器官，但基本不能解释器官功能。

▨ 能说出食道、胃、小肠、大肠，只能解释其中至多2种器官功能。

▩ 能够按食物进入人体的顺序说出食道、胃、小肠、大肠，能解释其中至多2种器官功能。

前测情况统计数据

分析：

通过数据，可以看出学生一般知道几种消化器官名称，但是对于每种器官功能基本没有了解。

②请画出人体消化器官，并标注器官名称。

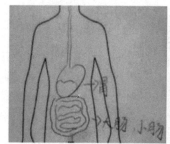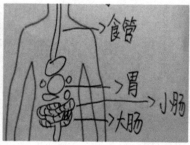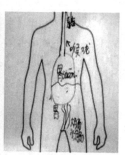

消化器官前测

反馈：

85%的学生能够最多只能画出3种器官，但每个器官之间独立没有通路；有些学生将小肠、大肠的顺序颠倒。

10%的学生能按顺序画出食道、胃、小肠、大肠，但器官的结构和位置不是特别准确。

5%的学生可以比较准确地画出各器官，并标注器官名称。

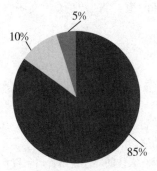

5%

10%

85%

■ 只能画出3种器官，但每个器官之
间独立没有通路。
▨ 按顺序画出口腔、食道、胃、小肠、
大肠，但器官的结构和位置都不是特别准确。
■ 比较准确画出各器官，并标注器官
名称。

消化器官前测统计数据

分析：由于人体是无法打开的暗箱，学生仅仅从书籍看到过消化系统图片，记忆不深，对消化器官的认识通常是模糊的，甚至是错误的。

（五）教学策略

结合课标中人体系统学习的活动建议，学生围绕本学科核心概念，可开展观察、体验、实验探究等学习活动。学生将经历人体系统的研究方法：观察、查阅资料、建构生物模型，进行模拟实验、制作概念图，认识人体系统的结构层次。其中关键的环节为建构生物模型，并解释系统的工作原理。

在"食物在身体里的旅行"一课中，学生对消化道结构认知不清，知道部分器官名称，但不清楚各器官结构特征及功能。本课教师将采用阅读科学资料，观察消化系统模型，利用指定材料搭建消化系统模型，模拟食物在消化道中的变化，类比推理消化道各器官的功能。

（六）教学目标

1.说出人体消化道器官包括口腔、食道、胃、小肠和大肠，描述每个器官的结构特征和功能。
2.说出食物在人体内会按顺序进入这些消化器官，被消化吸收。

科学
观念

建立消化道实物模型，分析现象，解释模型，通过类比推理各消化器官功能。

科学
思维

通过消化道模拟实验，建立各器官结构特征与功能的联系。

探究
实践

态度
责任

1.认识消化器官可以将食物转变成我们可以吸收的养料与能量。
2.健康生活可以保护消化器官。

（七）教学资源

学生准备：消化道模型、小面包、搅拌棒、小水壶、小面包旅行攻略（记录单）。

教师准备：课件、投影、消化系统模型等。

（八）教学重难点

1. 教学重点

（1）说出人体消化道器官包括口腔、食道、胃、小肠和大肠，描述每个器官的结构特征及功能。

（2）说出食物在人体内会按顺序进入这些消化器官，被消化吸收。

2. 教学难点

建构消化道模型，分析现象，解释模型，通过推理建立消化器官结构与功能的因果联系。

（九）学习评价

	科学概念	科学探究	科学思维	科学态度
水平一	说出人体的消化器官	认识到模型可以帮助我们分析生物体功能	根据模拟实验的现象，能够解释模型	对科学探究产生兴趣，愿意了解更多知识
水平二	描述各消化器官的结构特征，说明各器官功能	根据资料，完善模型，完成模拟实验；记录并清晰描述实验现象	根据模拟实验的现象能够解释模型，将各消化器官结构与功能建立因果关系	对生命科学探究产生浓厚兴趣，愿意了解更多人体系统
水平三	认识食物在人体内按顺序进入这些消化器官，被消化吸收，体会各器官的分工与协作	能够对实验现象进行合理分析、结合模型解释各器官功能	根据模拟实验的现象能够解释模型，将各消化器官结构与功能建立因果联系，抽象概括消化道概念图	自主展开对人体其他系统调查。养成良好意识习惯，健康生活

（十）教学过程

环节一：聚焦话题：从情境中明确研究问题	
教师活动	学生活动
1.谈话导入：同学们喜欢旅行吗？（喜欢）老师有一个最要好的朋友也喜欢旅行，你们想不想见见它？（教师出示：小面包）今天它还有事请大家帮忙。我们来听一听。（播放动画：大家好，我是小面包，大家都叫我包小包，我最喜欢旅行了，请大家为我设计一份旅行攻略）	请大家设计一份旅行攻略

谈话：小面包的旅行开始了。 （教师边说边咀嚼后将小面包咽下去） 2. 提问：小面包从老师口腔消失了，接下来它的旅行是怎样呢？ 3. 到底情况如何，今天我们一起研究小面包的旅行（教师板书课题：食物在身体里的旅行）	学生会提到：胃、小肠……

活动意图说明：

链接新旧知识，迁移新问题情境；自创小面包动画形象，引出本课研究问题：食物在身体里经历怎样的旅行。同时，作为模拟实验中的食物，趣味性始终贯穿学生概念形成全过程

环节二：探索调查：建立消化道模型，类比推理各器官结构特征与功能的关系

教师活动	学生活动
活动一：原型观察，初建消化道图像模型 1. 谈话：这是空白旅行攻略图，左边是景点打卡线路图，右边是各景点旅行指南。  5个打卡景点　　　　旅行攻略图 2. 任务：小面包旅行会打卡这5个景点，请按照食物在人体里旅行的先后顺序，为小面包设计一条完整旅行线路。 3. 各小组交流汇报不同拼摆结果，暴露认知冲突。 	小面包旅行攻略图，每个景点对应一张旅行指南（学习单），体现学生逐步建构科学概念的过程。 ①学生观察各消化道器官平面图，进行第一次感性认识。 ②学生根据元认知，拼摆消化道模型。 学生汇报各组线路图。 学生观察消化道立体模型，再一次加强对消化器官感性认识。

4. 任务：（出示立体模型）对比观察立体模型，修正旅行线路图。  立体模型	学生对照立体模型，修正消化道拼图，发现各器官在先后顺序、前后关系（小肠、大肠）、摆放角度（胃底部是水平的）都是要修正的。促进学生对消化道结构性的认识。 学生对消化道的认识从图像模型上升到抽象模型；学生初步形成从具体形象思维到抽象逻辑思维的进阶。
5. 小组展示修正后的线路图，指出在哪里进行了修正。	
6. 教师小结：原来小面包在人体旅行依次经过了口腔→食道→胃→小肠→大肠 5 个地方。 板书： 	小组讨论，汇报：每个器官都要运动并且要有规律地运动、收缩挤压等。学生对模型从静态分析转变到动态分析。
活动二：再建消化道概念模型，推理器官功能 1. 谈话：倾听小面包留言。 感谢大家为我规划这么合理的线路图，同学们别忘了我包小包在人们身体里旅行还有一项光荣的任务要完成——那就是把食物中的营养送给大家。 小组讨论：这5个器官要怎样分工配合才能帮小面包完成光荣任务呢？ 2. 谈话：我们可以借助资料，了解每个景点的功能。	学生通过阅读资料，获取各消化道器官最本质特征，抽象概括，建构消化道概念模型。

任务：阅读《旅行宝典》，将各个器官功能填写到旅行指南（记录单）。 教师示例： 口腔功能：磨碎食物； 结构特征：有牙齿、舌、唾液。 3. 学生阅读《旅行宝典》，填写各器官功能。 4. 学生汇报，教师（板书）各器官功能。 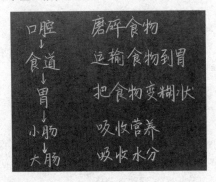	旅行宝典： 口腔是消化道的入口，里面有牙齿、舌和唾液，可以咀嚼、磨碎食物。 食道是一个薄壁肌肉管道，连接着咽和胃，食道有规律地收缩和松弛能够推动食物。 胃暂时储存食物，食物在胃内初步消化。胃有规律地收缩蠕动使食物搅磨得更碎，呈糊状，与胃液充分混合，变成糊状。 小肠是人体消化和吸收营养物质的主要器官，分泌大量的消化液，有利于营养物质的分解被人体吸收。 大肠能够进一步吸收水分和电解质，消化吸收后的食物残渣将通过这里排出体外。
活动三：类比推理，由抽象到具体，建构消化道生物模型 1. 谈话：我们为小面包设计的攻略究竟能不能助它完成光荣之旅？我们搭建一个模型，让小面包亲自来验证一下，好不好？ 2.（出示材料）出示材料，说一说：谁模拟什么？ 实验材料 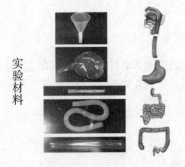 3. 任务：搭建模型，模拟小面包的旅行过程，观察并记录（iPad录像模拟过程），建立各器官结构特征与功能的联系。	通过总结，学生建立消化道概念模型。

续 表

名称：		学生搭建模型，模拟实验，填写记录单。
结构	□短 □细 □管状 □内壁较平滑 □长 □粗 □袋状 □内壁波纹状	学生汇报各器官结构特征，建立器官结构与功能之间的联系
特征	□弹性较强 □用力捏 □食物停留时间短 □弹性较弱 □轻轻捏 □食物停留时间长	
4.小组汇报记录单并展示各器官模拟过程		

活动意图说明：

通过拼摆、修正消化道平面模型、观察立体模型、搭建消化道生物模型进行探究活动，学生完成从低阶感性认识，经分析形成概念、判断的抽象认识，又经综合再现具有多方面属性、特点、关系的统一整体，形成高阶的理性具体认识，建立消化道器官结构与功能的联系

环节三：形成解释：建立"结构与功能"跨学科概念

教师活动	学生活动
1.教师总结：通过模型模拟，原来小面包打卡的每一个景点都有特殊结构，不同结构和它们的功能相适应（板书：结构→功能）。它们互相分工，共同协作，完成人体对于营养的摄取（板书：摄取营养）。 2.提问：这些习惯好不好？ ①顿顿吃得特别饱！ ②饭后就去跑一跑	学生体会结构与功能相适应。 学生根据模型，解释不良行为对消化器官的影响，帮助学生形成保护器官的方法

活动意图说明：

学生通过分析，建立各消化道器官结构与功能的因果联系，初步建立"结构与功能"的跨学科概念；通过批判性思维，形成保护消化道的方法，帮助学生树立健康生活的意识

环节四：五育并举，智育升华为德育，渗透节约意识

教师活动	学生活动
1.谈话：倾听小面包感言。 感谢同学们帮我完成了每种食物都向往的光荣之旅，当你们吸收了营养就有力量和智慧，生产更多食物，让食物家族更加壮大，就能给人类输送更多营养。可是如果这样……我们就不能完成光荣之旅了。	学生观看食物浪费图片，说一说节约粮食的意义。

续 表

说一说：你有怎样的感受？ 2. 拓展：食物经过人体的通道叫作消化道，这节课我们认识了消化道器官的结构与功能。消化腺也是消化系统重要的组成部分，消化腺有哪些？它们分别有什么功能呢？	

活动意图说明：

渗透人体是和外部不断进行物质循环，能量流动的开放系统的意识，培养学生节约粮食的品质，体现五育并举的育人理念。引出对消化腺功能的思考，为中学继续学习做好铺垫

板书设计

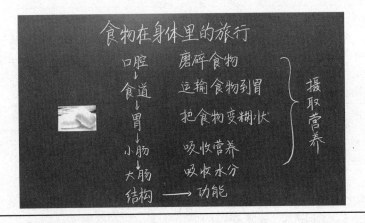

（十一）作业与拓展

实践活动："我是消化健康宣传员"——为社区、班级等群体做科普健康小讲堂，作业形式可选择：

（1）录制消化健康小视频；

（2）绘制节约粮食宣传海报；

（3）组织开展消化健康知识小讲堂；

（4）制作人体消化道模型。

（十二）特色学习资源分析、技术手段应用说明

（1）创新模拟实验模型，将教材中2个独立探究活动进行整合，呈现完整人体消化道，利于学生从部分到整体认识消化道器官的结构与功能。

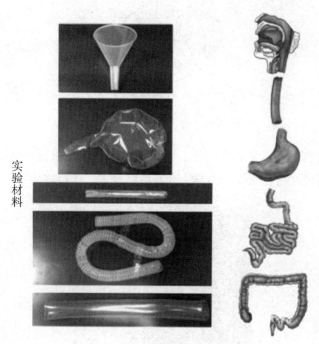

实验材料

创新模拟实验

　　为学生提供便于观察的人体消化道模型，将教材中探究食道和胃工作的模拟实验整合为完整的人体消化道模拟实验。消化道模型由口腔（透明漏斗）、食道（短热缩管）、胃（透明气球）、小肠（长波纹管）、大肠（粗热缩管）五部分组成，通过模拟食物经过消化道器官的全过程，让学生对于各消化道器官结构与功能，器官间相互分工、协作产生更加直观、深刻的认识。

　　（2）自创小面包动画形象，趣味性呈现学生概念进阶，渗透育人目标。

　　克服生命学科知识枯燥、课堂形式缺乏创意、学生学习积极性不高，创作小面包"包小包"卡通形象，将动画贯穿整节课教学，通过动画提升参与学生探究活动的兴趣。

　　卡通人物的设定讲述食物的光荣之旅——为人体输送营养的有意义旅程。既帮助学生提升对食物消化过程中"人通过获取其他生物的养分来维持生存"意义的理解，又让学生在"食物的光荣之旅"中感受珍惜粮食的重要性，达到育人目标，体现"五育并举"的育人理念。

自制卡通人物"包小包"

（3）紧扣课题中"旅行"二字，设计小面包身体内旅行攻略图，大大提升教学环节的情境性与逻辑性，给学生全新的沉浸式"旅行体验"。

面包身体内旅行攻略图

（4）类比推理的思维方法贯穿课堂。

类比推理的思维方法是生物学模拟实验的逻辑思维基础，是模型和原型的中介环节。通过类比，研究模型和原型之间的关系，帮助学生建立消化道器官结构特征与功能间的因果关系，助力学生形成"结构与功能"的跨学科概念。

（十三）教学反思与改进

（1）在设计消化道模型时，各器官的长短、比例尽量符合人体实际情况，但是由于小肠长度过长（5~6m），无法按照原比例进行还原。在进一步改进教具时，可以尝试更多材料的管道模拟小肠，以达到更好的模拟效果。

（2）本课选用小面包作为模拟实验中的食物，通过透明的材料，学生可以看清小面包在管道里的变化，但在波纹管半透明的管道里，学生观察现象受到影响，可以选择带有鲜艳颜色的馒头或面包替换，提升实验效果。

"食物在口腔里的变化"教学设计

中国人民大学附属中学实验小学　杨晓娟

一、教学设计说明

"呼吸与消化"单元位于教科版科学四年级上册第二单元，研究人体的呼吸系统和消化系统。教科版科学教材人体系统相关学习内容从二年级"我们自己"单元开启，四年级"呼吸与消化"单元在"我们自己"单元学习的基础上，进一步探索人体内部结构及其与外界物质的联系。学生体验、探究人体呼吸与消化过程；了解空气、食物对维护生命健康的重要性；认识人体用于呼吸与摄取养分的器官。五年级"健康生活"单元则基于现代健康新理念，继续学习人体运动系统、血液循环系统、神经系统的相关知识，以此为依托引导学生养成健康的生活习惯。

二、教学目标

（一）科学观念

（1）描述人体用于呼吸和摄取养分的器官及其功能。

（2）认识人的呼吸是在进行气体交换，空气中的氧气和二氧化碳两种气体对生命具有重要的意义。

（3）理解参与人体呼吸与消化的器官不是孤立的，而是互相密切配合协同工作的。

（4）列举保护这些器官的方法，养成健康生活的意识与习惯。

（二）科学思维

（1）通过观察人体、查阅资料的方式，建立模型，进行模拟实验，通过模型类比推理人体呼吸与消化器官功能，完善并纠正对呼吸、消化器官的认识。

（2）使用分类的方法对食物进行分类，对分类记录进行整理。

（三）探究实践

（1）应用感官并结合体验活动，认识呼吸器官和消化器官，了解它们在生命活动过程中的协同合作。

（2）使用简易的方法测量肺活量获取合理数据，对数据进行统计分析。

（3）通过实验方法辨别脂肪、淀粉等营养成分在食物中的存在。

（四）态度责任

（1）对探究自己的身体感兴趣，感受人体构造的精巧。

（2）在探究学习中，体验人体的生命活动与空气、食物的关系，感受事物与事物之间存在的联系。

三、整体教学思路

单元学科核心概念	单元课时内容	学习内容
生命系统的构成层次	1.感受我们的呼吸	关注呼吸与健康的关系
	2.呼吸与健康生活	
	3.测量肺活量	
	4.一天的食物	研究食物对生命健康的重要性
	5.食物中的营养	
	6.营养要均衡	
	7.食物在口腔里的变化	探索食物消化的过程与变化
	8.食物在身体里的旅行	

四、教学设计

食物在口腔里的变化

（一）教学内容分析

本课为"呼吸与消化"单元第7课内容，在学生充分认识食物、食物的营养与人体健康的关系基础上，从对食物的研究引入对消化器官的认识与探索，探究消化食物的第一站——口腔结构与功能，为学生对消化系统的整体认识打下基础。将在食物消化过程中最容易观察的部位——口腔作为研究重点，认识食物在口腔里的变化与牙齿、舌、唾液的关系，初步认识食物消化需要身体内多器官协同工作。

聚焦板块简单介绍消化器官的作用，口腔是人体的消化器官之一，引发学生对食物在口腔里的变化开启探究。探索板块分为两个活动，活动一：咀嚼一块馒头，观察、描述馒头发生了什么变化。通过观察馒头在口腔里的变化，体验牙齿、唾液、舌头的作用及牙齿的分类。活动二：分角色扮演"馒头""牙齿"和"舌"，模拟馒头在口腔中的消化过程。感受口腔内牙齿、舌头和唾液的协调作用，让学生初步具有人体器官配合工作的认识。

研讨环节，说一说食物在口腔发生了什么变化，经历了哪些过程。牙齿、舌、唾液担负了什么工作。食物在口腔的初步消化为进一步消化提供了哪些便利条件以及正确的刷牙方法。使学生认识到食物在口腔里的初步消化，进一步理解口腔消化对整个消化过程的重要性，有利于学生建立健康生活的意识。

（二）学习者分析

学生对食物在口腔的变化已经有了一定的认识：食物被咬碎、嚼烂等，也有一部分学生知道口腔里牙齿的类型和作用，但是对食物的变化更多的是一种感觉，真正细致的观察很少，对食物中看不见的变化更是了解不多，口腔内唾液的作用也容易被忽略。尚未将牙齿的形状与功能建立联系、对于器官协同配合完成工作的认识比较模糊。

（三）教学目标

1. 科学观念

（1）通过观察，描述食物在口腔里的变化，说出牙齿、舌、唾液协同配合参与食物在口腔里的初步消化，它们的作用各不相同。

（2）举例说出不同牙齿的形状和功能不同。

2. 科学思维

（1）观察比较牙齿、给牙齿分类，举例说出不同牙齿的形状和功能不同。

（2）能运用比较、类比推理、概括等方法分析食物在口腔里的变化过程。

3. 探究实践

通过制作牙齿模型、体验、模拟食物在口腔里的变化，感受牙齿的结构与功能适应，初步体验人体器官之间的协同配合。

4. 态度责任

（1）知道保护牙齿及口腔卫生的重要性，有健康生活的意识。

（2）对消化系统的进一步研究感兴趣，愿意深入研究。

（四）教学重难点

1. 重点

能说出牙齿、舌、唾液协同配合参与食物在口腔里的初步消化，它们的作用各不相同；举例说出不同牙齿的形状和功能不同。

2. 难点

能运用比较、类比推理、概括等方法分析食物在口腔里的变化。

（五）教学评价

科学观念	知道牙齿分三种类型	说出牙齿的分类依据	举例说出牙齿外形不同，种类不同	描述三种牙齿的外形、位置特点及各自的作用
科学思维	对比牙齿的不同	观察比较牙齿，给牙齿分类	观察比较牙齿，给牙齿分类，根据牙齿外形推理功能	观察比较牙齿，给牙齿分类，根据牙齿外形推理功能，联想到其他动物牙齿。
探究实践	将牙齿颗粒安装到牙槽骨中	安装牙齿模型，个别牙齿位置不正确	按照牙齿在口腔的位置正确安装牙齿模型	观察牙齿外形并按照牙齿在口腔的位置正确安装牙齿模型
	使用牙齿模型弄碎食物	使用牙齿模型简单模拟食物在口腔的变化	使用牙齿模型模拟食物在口腔的变化	使用牙齿模型模拟不同大小的食物在口腔的变化
	以科普短剧表演牙齿使食物在口腔里变化的过程	以科普短剧表演牙齿、舌配合使食物在口腔里变化的过程	以科普短剧表演牙齿、舌、唾液配合使食物在口腔里变化的过程	以科普短剧表演牙齿、舌、唾液配合使食物在口腔里变化的过程，演绎其他器官不工作的情境
态度责任	知道保护牙齿	知道保护牙齿很重要	认同保护牙齿的重要性	知道保护牙齿很重要以及对正确的刷牙方法感兴趣

（六）教学过程

环节一：聚焦话题模型准备阶段	
教师活动	学生活动
1. 谈话：最近杨老师迷上了一部纪录片《舌尖上的中国》，欣赏各种各样的营养美食，同时（出示各种颜色美食图片），我也被一个问题困惑。 2. 提问：为什么吃了青菜不会变成绿巨人，吃了鸡翅膀却没能长出翅膀呢？	1. 分析：消化 预设1：食物被我们吃了以后发生了变化…… 预设2：食物被消化了……

续　表

追问：食物的消化或变化过程是从哪里开始的？ 3. 引入课题：今天我们就跟随食物走进口腔，探究它们的变化。 板书：食物在口腔里的变化	2. 预设：嘴巴、口腔

活动意图说明：
回顾本单元有关食物营养与人体健康相关知识，将食物营养与人体消化建立联系，聚焦于人体消化第一站：口腔，引发学生对食物在口腔里变化的思考

环节二：探究食物在口腔里的变化

教师活动	学生活动
活动一：探究牙齿的功能 （一）模型假设 1. 提问：食物在口腔里可能会发生哪些变化？ 追问：这些变化主要是因为口腔里的什么在发挥作用？（变小是谁发挥了作用？引导学生做因果推理，通过这种思维方式帮助学生逐步建构结构与功能相适应的跨学科概念） 2. 提问：口腔里有28颗牙齿，它们是怎样分工、协作使食物变小的呢？ （二）模型建立 提出任务：杨老师今天把28颗牙齿也请到了咱们的课堂。为了能够让它们更好地开展小组合作，同学们能不能帮它们在口腔中找到合适的位置？（PPT出示大小和形状完全一样的牙槽骨，思考：你是依据什么来为28颗牙齿找到合适的位置？） 追问：如果学生说到功能，追问每种牙齿的功能…… 事实和我们同学所描述的一样吗？我们需要邀请一些美食过来亲身检验一下。不同位置的牙齿分别有什么作用？ （三）模型检验 1. 口腔体验组和口腔模型组咀嚼不同食物，从现象的观察中发现不同牙齿有什么作用？	1. 预设：变小、变碎、变湿、变软…… 2. 预设：变小——牙齿； 变湿、变软——唾液。 3. 预设：大部分学生不知道，暴露认知结构中的缺失与不平衡状态。 预设： 1. 通过观察自己牙齿的位置进行摆放（类比推理）。 2. 通过观察发现每颗牙齿的形状不同，猜想每颗牙齿分工不同，依据功能进行摆放（演绎推理）。 分享牙齿模型，比较牙齿形状，给牙齿分类。 

（准备好6个培养皿，保留好每种牙齿吃过的食物残渣）A组——模型吃三种食物，B组体验吃三种食物。填记录单。

2. 小结：牙齿外形及功能。

3. 变化：（提问对比观察）除了变碎、变小还发现变湿、变黏，于是引发学生新的思考？食物在口腔里之所以发生变化，除了牙齿还有谁参与了分工？

舌、唾液，它们分别发挥了什么功能或者作用？

牙齿种类	第一种	第二种	第三种
外观 （画一画）	正面看： 侧面看：	正面看： 侧面看：	正面看： 侧面看：
口腔中位置：	☐前面 ☐后面	☐前面 ☐后面	☐前面 ☐后面

牙齿名称			
功能	☐切割 ☐撕开 ☐磨碎	☐切割 ☐撕开 ☐磨碎	☐切割 ☐撕开 ☐磨碎

体验活动，使用模型并完成学习记录单。说出自己的发现：吃馒头用门齿和臼齿、吃牛肉干用犬齿和臼齿、吃花生米用到臼齿。将牙齿形状与功能建立联系

活动意图说明：

摆放牙齿颗粒暴露了学生有关牙齿的前概念，学生以为很熟悉的器官却不是十分了解，引发对牙齿位置、形状、功能相关的深入思考；观察自己口腔及资料更正牙齿模型，给牙齿分类并推测功能；体验吃不同的食物使用到的牙齿，将牙齿外形、位置与功能建立联系。在体验活动中也用到舌、唾液，为建构口腔模型提供帮助

活动二：探究舌头和唾液的功能

教师活动	学生活动
提出任务：牙齿忙活了半天，这次我们请它们稍事休息，让舌头和唾液出来工作。（尝试在不使用牙齿的情况下，吃上面三种食物，用iPad见证它们勤劳工作的过程，拍摄短视频分享） 舌、唾液有什么作用？	分析，推测舌、唾液功能；模拟馒头在口腔中的变化过程，概括它们是如何配合完成工作的

活动意图说明：

学生通过模拟活动将看不到的口腔消化可视化，知道牙齿、舌头和唾液共同参与了食物在口腔中的消化，它们的功能各不相同，食物在口腔里经过初步消化的过程。分角色扮演将缺少一种器官的情境进行演绎，加深学生对于口腔器官之间协同配合作用的认识

环节三：研讨口腔消化过程

教师活动	学生活动
提问：牙齿、舌、唾液如何配合完成工作的？用科普表演的方式让同学们看清楚	综合、概括 牙齿紧密相连、舌头搬运作用、咬合关系上颌牙齿比上颌稍微突出一些、咀嚼时上颌不动下颌动等

活动意图说明：
与生活实际、下节课学习内容建立联系，演绎人体器官之间的协同配合

环节四：拓展延伸

教师活动	学生活动
提问：草食动物和肉食动物牙齿的区别，为什么？	迁移其他动物的牙齿与功能、食性关系

活动意图说明：
在本节课学习的基础概念迁移到动物的牙齿，感受结构与功能相适应。同时引导学生养成爱护牙齿习惯，学习正确刷牙方法，树立健康生活意识

板书设计

（七）作业与拓展学习

（1）请你阅读牙齿的功能并在括号内填写对应的牙齿名称。

门齿：切割食物

臼齿：咀嚼食物

犬齿：撕碎食物

（2）请将口腔结构与其功能连接起来。

牙齿　　使食物湿润、变软

舌　　　使食物变碎、变小

唾液　　搅拌、传送食物

（3）和家人分享如何保护牙齿。

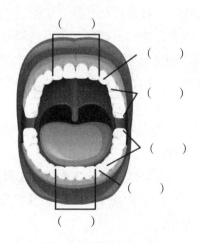

"测量肺活量" 教学设计

中国人民大学附属中学实验小学　杨晓娟

一、指导思想和理论依据

具身认知理论：具身的认知过程不仅是身体的直接参与，更强调具体环境中身体参与所获得的经验认识。因此，认知、身体、环境是一体化的。

（《具身认知与具身学习设计》）

由于概念表征是以情绪、知觉、运动等多模态形式为基础的，学习者可以在学习活动中使用身体的各种感官和知觉符号激活自己的认知系统。具身学习环境具有开放性、适应性、复杂性和生成性等特点。

（《论具身学习环境：本质、构成与交互设计》）

基于上述理论，反思本单元"呼吸与消化"所呈现的教育价值：让学生明白人体有多个系统分工配合，共同维持生命活动，感知生命的复杂性、开放性与层次性。教师在创设情境和提供相互关联的材料下（环境），学生通过用不同感受器官以及身体变化探索呼吸与消化器官（身体），形成"物质与能量""结构与功能""系统与模型""稳定与变化"的跨学科观念和科学认知（认知）。

"测量肺活量"一课的教学，也以认知、身体、环境为一体化为目标进行设计。

在环境方面让学生沉浸式研究肺活量：

（1）构建了与学生息息相关的国家体质健康测试情境，让学生融入社会环境中。

（2）在教室四周布置了《国家学生体质健康标准（2014年修订）》的肺活量单项评分表，创造了良好的物理环境。

（3）教师提供多种实验材料，基于学生的先前认知和经验，将材料进行重组，设计测量肺活量简易装置，提供了开放、适应及复杂的学习环境。

在身体方面让学生亲身参与：

（1）学生刚刚参加完国家体质健康测试，亲身体验过测量肺活量。

（2）通过模拟测量肺活量，学生通过感官知道肺活量包括吸气与呼气两个动作。

（3）组装好简易测量肺活量装置后，利用身体感知模拟测量肺活量。

在认知方面提升对抽象概念和事实的理解：

（1）由于学生对于"肺活量"这一抽象概念认识较为模糊，因此没有用正确的方法测量出最大的肺活量数值，在身体和环境的交互下，学生结合自身身体体验进行个性化的反思，以保证有效分析、理解和化解认知冲突，理解肺活量是人体吸入最多的空气后呼出去空气的量。

（2）前测中大多数学生不了解测量肺活量的原理，在提供有意义的学习材料和物理环境学习支架下，将"肺活量"与"空气占据空间的大小"建立联系，把思维内容过程外显化，确保了提升学生反思质量，提高认知深度。

（3）本课根据学生提出关于体测问题情境，教师提出循序渐进的问题和相关活动作为支持，同时学生之间通过相互合作交流，交互比较肺活量数据，达到认知的输入、转化与输出，知道"影响肺活量因素""如何提高肺活量"等问题，提升了认知效率。

二、教学背景

（一）课标分析

"呼吸与消化"单元位于教科版科学四年级上册第二单元，本单元建构的4个核心概念为：①物质的结构与性质；②生命系统的构成层次；③生命体的稳态与调节；④生物与环境的相互关系，渗透的跨学科概念为"物质与能量""结构与功能""系统与模型""稳定与变化"。

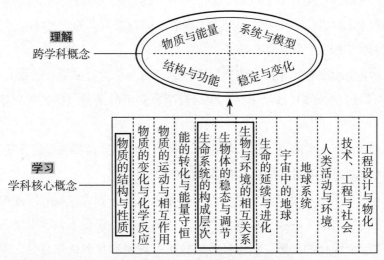

理解
跨学科概念

学习
学科核心概念

2022版科学课程标准四年级第二单元核心概念

本单元8课学习内容分别聚焦在了不同的核心概念及学习内容中：

			呼吸与消化		
3~4年级	5.1生物具有区别于非生物的特征	①说出生物与非生物的不同特点，描述生物的特征		7.1生物能适应其生存环境	①举例说出动物在气候、食物、空气和水源等环境变化时的行为
	5.2地球上存在动物、植物、微生物等不同类型的生物	②根据某些特征，对动物进行分类。③识别常见的动物类别，描述某一类动物（如昆虫、鱼类、鸟类、哺乳类）的共同特征；列举几种我国的珍稀动物。④说出植物的某些共同特征；列举当地的植物资源，尤其是与人类生活密切相关的植物	1.感受我们的呼吸 2.呼吸与健康生活 3.测量肺活量 4.一天的食物 5.食物中的营养 6.营养要均衡 7.食物在口腔里的变化 8.食物在身体里的旅行	7.3人的生活习惯影响机体健康	②举例说出睡眠、饮食、运动等影响健康的因素，养成良好的生活习惯
	5.4生物体具有一定的结构层次	⑤描述植物一般由根茎、叶、花、果实和种子构成		7.4人体生命安全与生存环境密切相关	③举例说出重大传染病和突发公共卫生事件对人类安全的威胁
	5.5人体由多个系统组成	⑥描述人体用于呼吸的器官，列举保护这些器官的方法。⑦描述人体用于摄取养分的器官，列举保护这些器官的方法		5~6年级 6.1植物能制造和获取养分来维持自身的生存	①知道植物可以利用阳光、空气和水分在绿色叶片中制造其生存所需的养分
	5.6生态系统由生物与非生物环境共同组成	⑧举例说出水、阳光、空气、温度的变化对生物生存的影响。⑨列举动物依赖植物筑巢作为庇护所的案例		6.2人和动物通过获取其他生物的养分维持生存	②知道动物以其他生物为食，动物维持生命需要消耗这些食物而获得能量。③说出人体生长发育所需的主要营养物质及其消化吸收过程
				6.3人体通过一定的调节机制保持稳态	④举例说出人体对某些环境刺激的反应方式和作用，列举保护相关器官的方法

2022版科学课程标准四年级第二单元学习内容要求

　　围绕新课标，聚焦本单元最重要的"5.5人体由多个系统组成"这一学习内容要求，在不同学段所体现的学习进阶关系如下。

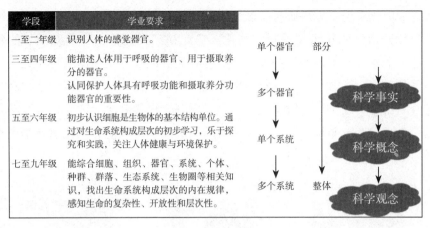

学段	学业要求
一至二年级	识别人体的感觉器官。
三至四年级	能描述人体用于呼吸的器官、用于摄取养分的器官。 认同保护人体具有呼吸功能和摄取养分功能器官的重要性。
五至六年级	初步认识细胞是生物体的基本结构单位。通过对生命系统构成层次的初步学习,乐于探究和实践,关注人体健康与环境保护。
七至九年级	能综合细胞、组织、器官、系统、个体、种群、群落、生态系统、生物圈等相关知识,找出生命系统构成层次的内在规律,感知生命的复杂性、开放性和层次性。

不同学段的学习进阶

从一至二年级到七至九年级,人体学习过程由单个器官到多个器官、单个系统到多个系统,由部分到整体,而整体作用远大于部分的单纯叠加。关于人体的学业要求从低段到高段逐渐由客观事实的学习过渡到学生抽象出的科学事实,建构的科学概念,最终形成科学观念。

(二)教材分析

教科版科学教材人体系统相关单元

"呼吸与消化"单元位于教科版科学四年级上册第二单元,研究人体的呼吸系统和消化系统。教科版科学教材人体系统相关学习内容从二年级"我们自己"单元开启,四年级"呼吸与消化"单元在"我们自己"单元学习的基础上,进一步探索人体内部结构及其与外界物质的联系。学生体验、探究人体呼吸与消化过程;了解空气、食物对生命健康的重要性;认识人体用于呼吸与摄取养分的器官。五年级"健康生活"单元则基于现代健康新理念,继续学习人体运动系统、血液循环系统、神经系统的相关知识,以此为依托引导学生养成健康的生活习惯。

一年级	三年级	四年级
我们周围的物体	**空气**	**呼吸与消化**
1.发现物体的特征	1.感受空气	1.感受我们的呼吸
2.谁轻谁重	2.空气能占据空间吗	2.呼吸与健康生活
3.认识物体的形状	3.压缩空气	3.测量肺活量
4.给物体分类	4.空气有质量吗	4.一天的食物
5.观察一瓶水	5.一袋空气的质量是多少	5.食物中的营养
6.它们去哪里了	6.我们来做"热气球"	6.营养要均衡
7.认识一袋空气	7.风的成因	7.食物在口腔里的变化
	8.空气和我们的生活	8.食物在身体里的旅行

教课版科学教材呼吸相关单元

教科版科学教材空气相关学习内容从一年级"我们周围的物体"单元开启,再到三年级"空气"单元的学习,学生大体知道了空气有质量并占有一定的空间,空气会充斥各处,在"空气"单元学习的基础上,学习"测量肺活量"有助于学生了解测量肺活量原理:空气的量就是空气占据空间的大小,知道如何制作简易测量肺活量装置,以及知道空气是一种混合物,含有氮气、氧气、二氧化碳等气体,空气中的氧气和二氧化碳对生命活动具有重要意义。

（三）学习内容分析

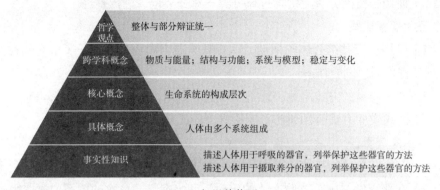

知识结构图

在这个宝塔形知识结构中，底层对上层有支撑作用，上层具有较高统摄性。明确本单元的概念层级框架如上图，本单元教学不能仅停留在事实性知识层面，要超越事实上升到概念，再上升到核心概念。这样才能够提高学生的思维能力和思维水平。

"呼吸与消化"单元主要指导学生对人体有系统的认识与理解。学生经历探究过程，通过观察、描述、推理、论证等方法，体验生命体的结构、功能和相互联系，发展学生逻辑推理和论证的科学思维，帮助学生初步建立小学科学学科核心素养中"结构与功能观"的科学观念，即理解人体不同部分器官在进行各种生命活动时并不是孤立的，而是密切配合、协同工作的，建立"系统化"的人体结构概念。

三、学习目标

（一）科学观念

（1）描述人体用于呼吸和摄取养分的器官及其功能。

（2）认识人的呼吸是在进行气体交换，空气中的氧气和二氧化碳两种气体对生命具有重要的意义。

（3）理解参与人体呼吸与消化的器官不是孤立的，而是互相密切配合协同工作的。

（4）列举保护这些器官的方法，养成健康生活的意识与习惯。

（二）科学思维

（1）通过观察人体、查阅资料的方式，建立模型，进行模拟实验，通过模型类比推理人体呼吸与消化器官功能，完善并纠正对呼吸、消化器官的认识。

（2）使用分类的方法对食物进行分类，对分类记录进行整理。

（三）探究实践

（1）应用感官并结合体验活动，认识呼吸器官和消化器官，了解它们在生命活动过程中的协同合作。

（2）使用简易的方法测量肺活量获取合理数据，对数据进行统计分析。

（3）通过实验方法辨别脂肪、淀粉等营养成分在食物中的存在。

（四）态度责任

（1）对探究自己的身体感兴趣，感受人体构造的精巧。

（2）在探究学习中，体验人体的生命活动与空气、食物的关系，感受事物与事物之间存在的联系。

四、整体教学思路

学科核心概念	课时内容	学习内容
生命系统的构成层次	1. 感受我们的呼吸	关注呼吸与健康的关系
	2. 呼吸与健康生活	
	3. 测量肺活量	
	4. 一天的食物	研究食物对生命健康的重要性
	5. 食物中的营养	
	6. 营养要均衡	
	7. 食物在口腔里的变化	探索食物消化的过程与变化
	8. 食物在身体里的旅行	

本单元一共8课，分为三部分：其中1~3课关注呼吸与健康的关系；4~6课研究食物对生命健康的重要性；7~8课探索食物消化的过程与变化。本单元内部联系为：人体与外界环境进行物质与能量交换，单元整体指向核心概念——生命系统的构成层次。

五、教学设计

（一）教材活动设计

本课为"呼吸与消化"单元第3课内容，1~3课的学习主题是"呼吸系统"，前2课学生已经了解了呼吸器官及其功能、不同的呼气方式、空气在呼过程中的变化以及对生命健康的重要性。本课重点是对前2课科学知识的综合应用，知道肺活量概念与最大空气的量有关，知道"空气的量"实际上就是"空气占据空间大小"，根据此原理来设计简易装置测量肺活量，并如实记录测量数据，分析影响肺活量的因素，以此提出提升肺活量的方法。

（1）聚焦板块：在社会环境——国家体质健康测试的背景下，视频学生提出体测中关于肺活量的问题，引导学生聚焦于研究"肺活量"。

（2）探索板块：有两个问题链，分别是"什么是肺活量""如何测量肺活量"。

问题一：什么是肺活量，安排了两个活动：①学生示范测量肺活量，指出两个关键动作"吸气"与"呼气"，了解肺活量是吸入空气后，呼出空气的量。②教师示范测量肺活量，重点感受还需要吸入和呼出空气量的最大值。通过两个活动，学生明确了肺活量的概念。

问题二：如何测量肺活量，安排了三个活动：①画出简易肺活量装置设计图，通过肺活量与空气的量有关，与三年级学习空气的材料建立起联系，明白"空气的量"实际上和"空气占据空间的大小"有关。②制作简易装置，并测量肺活量。③将肺活量值贴在黑板上，统计图中区分了"性别"和"是否锻炼"两个因素。

（3）研讨板块：有两个问题链，分别是"影响肺活量的因素是什么""如何提高肺活量"。

问题一：影响肺活量的因素是什么，根据统计数据分析出"性别影响肺活量""是否锻炼影响肺活量"。

问题二：如何提高肺活量，通过影响因素总结出：既然"性别"无法改变，但通过"增强体育锻炼"可以提高肺活量。根据肺活量概念，总结出"正确的呼吸方式"也可以提高肺活量。

（4）拓展板块：有两个问题链，分别是"你对肺活量有哪些新的认识""关于肺活量你还想知道什么"加强学生对于肺活量的理解，认识到肺活量与人体健康有紧密关系，并提升学生的问题意识，引发学生研究肺活量的兴趣。

通过以上教学内容，学生将经历"感知肺活量—测量肺活量—肺活量大小与身体健康关系的讨论"3个层次性活动，从而使学生对肺活量的认识、概念得以不断完善，提升对自己身体的关注度。

1. 基于教材的材料改进

教材中直接使用"简易肺活量测量袋"来测量肺活量，但学生不清楚为什么用塑料袋以及它的制作原理，无法加强学生对于肺活量概念的本质认识，也限制了学生的思维。

笔者改进了本环节直接使用"测量带"的活动，提供多种材料让学生根据前概念"空气占据空间"的原理，自己设计一个简易测量肺活量的装置。

2. 教具创新

由于学生设计的用水瓶测量肺活量的装置，有操作难、容易洒水、浪费实践时间等问题，给学生获取肺活量数据造成了障碍。因此，笔者改进了教具，增加了能在水中固定水瓶的架子，节约了时间，既方便而且效果好，降低了学生操作难度，且可以更快速地获取数据。

（二）学习者分析

基于单元学情的分析，结合"测量肺活量"一课在本单元的教学功能性和价值性，笔者运用问卷调查法对授课年级108名学生进行了前测。测试题目与结果分析如下：

（1）考查学生对肺活量概念的认识：在体育健康测试中，我们测量了肺活量。你知道什么是肺活量吗？

（2）了解学生对肺活量的疑惑：对于肺活量你有什么感兴趣、不理解或想研究的问题吗？提出至少1个问题。

1）在体育健康测试中，我们测量了肺活量。你知道什么是肺活量吗？

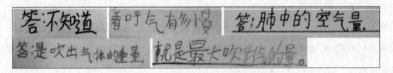

问卷调查（一）

分析：64%的学生知道肺活量但有错误的认识，34%的学生不知道肺活量，只有2%的学生知道肺活量的概念。因为四年级刚刚经历过国家体质健康测试，学生已经亲身体验过测量肺活量，能说出来部分要点，但"什么是肺活量"学生没有正确的认识。

在错误的认识中，有52%的学生认为只有呼出空气的量，没有关注到吸气；有20%的学生认为是肺部容约的空气量，没有吸气和呼气的过程；有13%的学生认为是吸入空气再呼出空气的量，但没有关注到要尽全力地吸入和呼出空气的最大值；7%的学生认为肺活量是呼出空气的时间；5%的学生认为是吸入空气的量，没有关注到呼气；3%的学生认为是呼出空气的重量。

回答内容可以看出大部分学生知道肺活量和吸气或呼气有关，测量的物体与空气有关，这将是本主题的思维发展点。但很少有同学正确完整地知道肺活量概念，说明这是开展教学的思维障碍点。因此，"吸气和呼气应该共同参与"，"吸入和呼出最大量"，"测量的是空气的是什么的量"，是本主题需要重点强调的问题。

2）对于肺活量你有什么感兴趣、不理解或想研究的问题吗？提出至少1个问题。

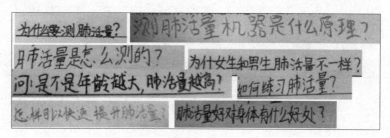

问卷调查（二）

分析：学生提出关于肺活量的问题大多集中于测量原因、测量原理、影响因素（性别、年龄）、提高方法，这是开展教学的思维障碍点，可以在教学中形成问题链，使学生建立肺活量与健康的关系，这将对树立健康生活的意识、养成体育运动的习惯起到重要作用。

（三）教学策略

1. 设计思维型问题群

问题是启发和发展思维的起点，思维过程需要通过多维度、多层次的问题设计去推动。本教学通过设计具有逻辑性、关联性、层次性的问题群，发挥问题链的引导作用，引领学生经历问题思考—探究—解决的过程，最终促使学生达到更深层次学习。问题主要分为导入型、探究型、建构型、审辩型、创新型等（详见下图）。

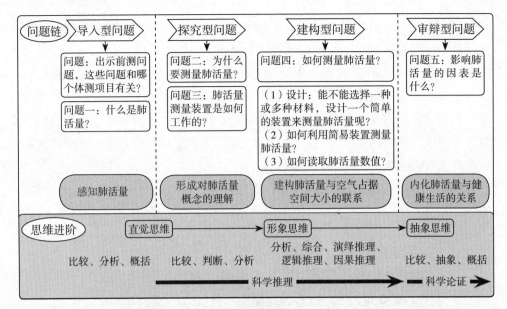

思维型问题群设计

2. 具身学习设计

为了最大限度地交流与反思，进行大数据分析。本课的教学设计依据是具身的学习设计，包含了直接学习建构过程："身体—体验—认知—反思"过程和间接学习建构过程："认知—体验—身体—反思"过程。因此，本课的学习进程是以身体参与为基础的、体验为中介的、认知为意义建构的对话、观察过程。例如：本组学生无法论证影响肺活量的因素，而学习是一个交互环境，全班学生进行肺活量数据对比，能优化学习者的反思过程，帮助学生生成与转化具身体验和新知识，建构新的思想和意义。

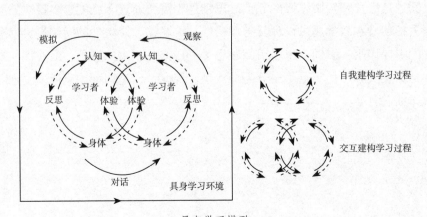

具身学习模型

（四）教学目标

1. 科学观念

（1）认识到肺活量是人体吸入最多的空气后，呼出去空气的量，是人体发育是否健康的一个指标。

（2）理解空气的量是空气占据空间的大小。

（3）通过对测得的肺活量值进行分析和反思，知道男生比女生肺活量高，经常参加体育锻炼，可以加大肺活量，有利于身体健康。

2. 科学思维

用比较分析的方法，能推测影响肺活量大小的因素，并对自己的测量结果进行反思和评价。通过比较与分析，意识到模型与客观事实是有一定距离的。

3. 探究实践

（1）通过观察思考，运用画图、书写等形式设计并制作测量肺活量的简易装置。

（2）通过测量肺活量，掌握如何获取合理的数据，初步学会对数据进行统计分析。

4. 态度责任

（1）乐于尝试运用多种材料，多样方法设计测量肺活量的简易装置，初步具有创新的意识。

（2）在探究活动中，能以事实为依据。

（3）在独立思考的基础上乐于与人合作交流，并且能耐心、细致地完成测量活动。

（五）教学重难点

1. 重点

学生能正确测量肺活量，对数据进行分析，认识到积极锻炼对提高肺活量的重要性。

2. 难点

理解空气的量是空气占据空间的大小，并能利用"空气占据空间"原理设计测量肺活量的简易装置。

（六）教学过程

教师活动	学生活动
环节一：聚焦话题	
教师活动1 1. 谈话：体测刚刚结束，同学们还有一些问题想请教请教你们，我们一起来听听。 2. 播放视频：《关于肺活量的那些事》 3. 出示爱问墙，提问：同学们的问题贴在了爱问墙上，它们都和哪个体测项目有关？ 4. 提问：要想研究清楚这些问题，我们需要从一个简单的问题开始研究，什么是肺活量？ 5. 揭示课题：他的描述准确吗？今天我们就一起来学习"测量肺活量"（板书：测量肺活量）	学生活动1 1. 观看视频，思考视频中提出有关肺活量的问题。 2. 总结问题：都与"肺活量"有关。 3. 回答：什么是肺活量？
活动意图说明： 本课创设的问题情境是与学生息息相关的体育健康测试，问题从学生中来，体现了以学生为中心，引发学生对肺活量相关问题的思考	
环节二：探索	
教师活动2 **问题一：什么是肺活量** 1. 引语：要想更直观地研究肺活量，我们需要请一位同学亲身示范一下。 2. 教师评价，揭示肺活量概念：这位同学示范得可真标准，因为有两个关键的动作，一个是吸气（配合动作＋板书）和还有一个呢？（配合动作＋板书）。看来肺活量就是吸入空气后，再呼出"空气的量"（板书）。 3. 教师示范错误动作：也想试试，吸气、呼气（示范：轻轻吸气、呼气）。有问题吗？ 4. 强调——最大值：那我还得像他一样，用尽全身的力量，所以吸入和呼出空气的量还得是个"最大值"（板书）	学生活动2 1. 一位学生上台示范如何规范测量肺活量，其他学生仔细观看。 2. 跟随教师总结，标准测量肺活量的关键动作：吸气与呼气。 3. 回忆实际体测中如何测量，再对比最开始的学生示范，发现问题：没有用力
活动意图说明： 学生通过示范操作及全体纠错评价等学习方法，比较分析出肺活量的概念，产生认知冲突	

教师活动3	学生活动3
问题二：如何测量肺活量 活动1：设计简易测量肺活量装置 1. 出示材料：说到空气，你们还记不记得三年级我们就用这些材料研究过空气，有气球、塑料袋、水瓶，有水的水箱、量杯等等。 2. 提问：既然肺活量就是空气的量，那你们能不能选择一种或多种材料，设计一个简单的装置来测量肺活量呢？你们有什么想法？ 3. 出示设计图要求：现在我们试着把想法画在记录单上，画一个简易肺活量装置的设计图，标注各部分名称、作用。 思考： （1）如何利用简易装置测量肺活量？ （2）如何读取肺活量数值？ 4. 交流分享。 5. 总结符合测量肺活量的设计图：指出气球无法测量准确数值，而塑料袋和水瓶的方法可以。 6. 归纳测量原理：同学们利用了水和空气都占据空间的科学原理，最后测得的肺活量实际上就是空气占据空间的大小（板书）。 7. 补充：操作规范。 活动2：组装简易装置，测量肺活量 1. 演示实验：两种测量肺活量的方法——吹塑料袋、吹矿泉水瓶。 2. 出示要求及提示：从两种里面选择一种测量方法，制作装置并测量肺活量。（1）需要"一口气"。（2）小组成员按顺序依次进行测量。可能有误差，我们每个人有三次机会哦，最终选取中间的数值作为最终数值，填写在记录单上。（3）完成统计图：为了了解咱们班肺活量的情况，我们需要共同完成一个统计图，横坐标是我们的组号，纵坐标是肺活量数值，我们用红色代表男生，黄色代表女生，小蓝点代表经常锻炼的同学	1. 小组讨论：如何设计简易测量肺活量装置。形成初步计划，简单回答。 2. 小组讨论，画出简易肺活量装置设计图。 3. 交流分享本组设计图。 4. 思考更符合要求的设计图。 5. 思考肺活量测量原理。 6. 观看测量方法的操作。 7. 小组合作，测量肺活量，填写记录单，上台贴肺活量数值

活动意图说明：
本环节是本课学生实践活动的一个重点，通过制作测量装置理解"空气的量"与"空气占据空间大小"有关，将空气与肺活量建立起联系，以此理解测量原理。用简易装置测量肺活量，完成统计图，为后续数据分析打下基础

环节三：研讨

教师活动4	学生活动4
问题三：影响肺活量的因素	1.分析数据，总结
1.提问：这是咱们班的测量数据，	预测1：男生普遍比女生高
了什么？	预测2：经常锻炼同学的肺活量高
2.总结影响肺活量的因素：性别	2.推测提升肺活量的方法
问题四：提升肺活量的方法	
指出提升肺活量的方法：体育锻炼（扩胸运动、游泳、跑步等）、正确的呼吸方式	

活动意图说明：
本环节以数据为依托引导学生交流"肺活量的差异—肺活量的影响因素—如何提高我们的肺活量"，使学生对肺活量的认识再一次得到提升，同时也促使学生更关注自己的身体健康状况，从而落实本课教学的意义

环节四：拓展

教师活动5	学生活动5
1.提问：通过本节课的研究，你对肺活量有了哪些新的认识？	回答问题
2.提问：你对肺活量还有什么想知道的？	

活动意图说明：
总结反思，了解学生掌握情况，并引起学生再次研究肺活量的兴趣，为后续课程做好铺垫

（七）作业与拓展学习

拓展调查：为什么要测量肺活量？

爱问墙：你还想研究关于肺活量的哪些内容？

思考：如何改进装置？

（八）特色学习资源分析、技术手段应用说明

（1）以"设计思维型问题群"为教学活动设计的依据，使学生思维发展更加清晰。

在学生提出问题后，笔者对问题进行分析与整合，设置有层次的教学活动，逐步帮助学生梳理问题解决的步骤，使用科学推理、科学论证的科学方法，引导学生在一个反复论证、不断发展认识的过程中逐渐形成准确、完整的肺活量概念，建立起肺活量和空气占据空间大小的关系。

（2）以"具身认知理论"为指导思想，体现环境、身体的作用，提高认知能力。

本课笔者分别建构了社会环境、物理环境、学习环境，让学生沉浸式地研究肺活量。并在交互学习的过程中，通过身体感知肺活量，有效分析、理解和化解认知冲突，提高认知深度和认知效率。

（3）提供有结构的材料。教材中测量肺活量的材料过于单一，因此笔者将肺活量与"空气"单元建立起联系，提供研究空气的材料继续研究肺活量，把知识进行了转化，让学生根据前概念"空气占据空间"的原理，自己设计一个简易测量肺活量的装置。

（4）教具创新。由于学生设计的用水瓶测量肺活量的装置，有操作难、容易洒水、浪费实践时间等问题，给学生获取肺活量数据造成障碍。因此，笔者改进了教具，增加了能在水中固定水瓶的架子，节约了时间，既方便而且效果好，降低了学生操作难度，且可以更快速地获取数据。

（九）教学反思与改进

（1）由于时间有限，笔者认为设计简易肺活量装置可以给更多的时间思考。

（2）可以提供更多有结构的材料，供学生研究，加强学生思维发展。

（3）可以继续对简易肺活量装置进行改进。

附：

"测量肺活量"实验记录单

班级：　　　　组号：

气球　　　普通塑料袋　　　长筒塑料袋　　　矿泉水瓶
（3200mL）

盛水水箱　　　量杯　　　吹嘴和软管　　　橡皮筋　　　马克笔

简易测量肺活量装置设计图

序号	姓名	分工	第一次测量值（mL）	第二次测量值（mL）	第三次测量值（mL）	最终肺活量（mL）
1		记录员				
2		材料员				
3		操作员				
4		组长				

我发现：男生的肺活量普遍_____（高于/低于）女生的肺活量。经常体育锻炼的同学普遍_____（高于/低于）其他同学的肺活量。

4 第四章

深度学习视域下的地球与宇宙领域教学怎样教

"比较不同的土壤"教学设计

海淀区育鹰小学　蒋振东

一、指导思想与理论依据

在科学教育中，思维型科学课堂是促进学生核心素养发展的关键。深度学习为小学科学高级思维培养提供了途径。胡卫平教授指出，深度学习的核心目标是促进高阶思维的发展，深度学习的本质特征是深度思维。从学习过程来讲，深度学习特别强调内在动机的激发、积极主动的参与、高水平的认知和元认知的投入、新旧知识的联系等，最关键的因素就是学生积极主动的思维。高阶思维缘起于Bloom等提出的认知目标分类，随后Anderson等将其修订为记忆、理解、应用、分析、评价和创造，其中分析、评价和创造通常被称作"高阶思维"。高阶思维中："意义建构"由布卢姆教育目标分类学中的"分析"发展而来，是指将材料分解成它的组成部分，并确定各部分之间的相互关系以及各部分与总体结构之间的关系，理解系统蕴含的意义或揭示系统运转的原因，包括区别、组织、归因三个具体的认知过程。"审辩判断"由教育目标分类学中的"评价"发展而来，原指基于准则或标准作出判断，落实到小学科学中，审辩判断在评价的原有内涵基础上增加了自我反思部分，指以事实和认识的统一性等为准则和标准做出反思和评价。"转化创造"由教育目标分类学中的"创造"发展而来，原指要求学生在心理上将某些要素或部件重组为隐性存在的模型或结构，从而生成一个新产品。

依据胡卫平教授的思维型教学理论，培养学生高阶思维应将意义建构、审辩判断、转化创造有机地嵌入科学课程内容中，在科学探究的每个阶段都要关注思维从创造性过程到批判性过程的变化。通过学习中的动机激发、认知冲突、自主建构、自我监控、反思与迁移等过程培养学生的高阶思维。

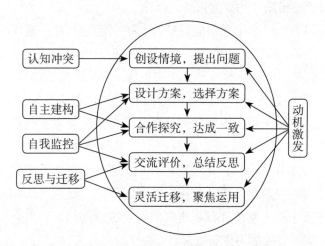

科学高阶思维合作探究过程（胡卫平）

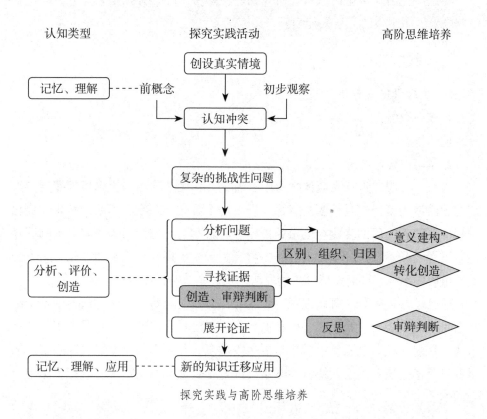

探究实践与高阶思维培养

笔者依据本单元涉及的地学领域学习特点，围绕地学假说的提出与论证过程，设计了高阶思维培养的探究过程。

从上图可以看出，学生通过创设情境，提出问题。这一过程中学生回忆已有概念，结合对问题情境的观察尝试运用已有知识去解释问题。当前概念与初步观察不匹配时产生认知冲突，形成研究兴趣，并提出挑战性问题。

问题提出后，引导学生大胆提出假设。这一过程中发展学生的创造性思维。假设提出后，学生展开围绕问题的探究活动。设计方案收集证据，并运用证据进行逻辑推理。学生充分发挥想象力、形象思维和创造力，共同参与设计，共享信息，充分讨论，相互启发，对问题进行充分交流和深入研讨。这一过程中回忆、表象变换、比较、分析、概括、假设、计划等认知过程充分发挥作用。这一过程中学生基于证据和逻辑对观点进行评估，得出合理结论。学生的意义建构与问题解决能力得到锻炼。

在论证之后，学生回顾自己研究的过程是否严谨，证据是否充分，通过审辩判断发展了学生的元认知能力。

二、教学背景

（一）教学内容分析

1. 核心概念

地球系统

2. 学习内容与进阶

岩石与土壤在地球系统的学习中有着重要作用。岩石与土壤所处圈层与人们的生活最为紧密，是重要的资源。岩石与土壤之间存在着不断的变化，变化过程中伴随着物质的变化与能量的传输。而岩石与土壤又与大气圈、水圈等存在着紧密的联系，这一学习内容的学习有利于学生逐步认识到地球是一个不同圈层组成的系统，同时发展学生物质与能量、系统与模型等跨学科概念。

通过学习进阶分析可以发现，本单元在岩石与土壤这一学习内容中处于由映射水平发展为关联水平。学生在低年级将自己日常经验与岩石与土壤科学概念建立映射，在三至六年级学生将更多零散事实与岩石与土壤建立联系，在七至九年级学生从系统层面协调地球系统的各个要素，并更加深入认识土壤与岩石的本质。

3. 单元内在逻辑

七至九　知道土壤有不同的质地和
结构，不同的土壤适合不同的植物
生长，植被对土壤有保护作用。　　**系统**

五至六　知道地球表面覆盖着岩石，岩石
是由矿物组成的；学会通过观察和使用简
单工具，比较不同岩石的颜色、坚硬程
度、颗粒粗细等特征。　　**关联**

三至四　知道土壤的主要成分，观察并描
述砂质土、黏质土、壤质土的特点，举例
说出它们适宜生长的植物。　　**关联**

一至二　知道土壤为众多动植物
提供了生存场所。　　**映射**

单元知识内在逻辑图

4. 教材内容分析

通过教材的分析可以发现学生科学思维的培养脉络，在本单元，四年级阶段学生正处于由形象思维向抽象思维发展的过渡阶段。此时学生仍以形象思维为主，包括表象转化、图形推理、空间认知、联想与想象等。学生要发展的抽象思维则包括归纳与演绎、类比与辩证、抽象与概括等。教师还应该以形象思维为基础，但也不应局限于重复简单的观察、比较活动，教师应该帮助学生在观察、比较、概括的基础上，逐步展开简单的推理活动，并开始尝试通过分析问题与设计方案等活动，发展学生高阶思维。

年级	单元名称	科学观念	科学思维
二年级上册	我们的地球家园	能描述太阳升落、季节变化和月亮形状变化等自然现象，知道地球是人类和动植物的共同家园	观察
三年级上册	天气	说出天气变化及其对人类生活的影响	观察
四年级下册	岩石和矿物	知道大气、水、土壤都是地球系统的基本要素；知道人类生活离不开自然资源，能认识到节约自然资源和保护环境的重要性	分析 比较 概括 使用模型解释
五年级上册	地球表面及其变化	知道地球系统不同圈层的相互作用产生了各种自然现象；知道自然灾害对人类的影响和防灾减灾常识，能认识到调整人类不合理的生产和生活方式，可以减少对地球环境的影响	模型建构 逻辑推理 科学论证

（二）学生情况分析

从四年级学生中随机选取了15人展开问卷与访谈调查。

1. 前测问题情境

菲菲最近特别喜欢种一种叫石莲花的多肉植物。她买好了花盆与石莲花，但是在选择种植土与装饰石时犯了难。看看你能不能帮助她。

问题	前测目标：科学观念	前测目标：科学思维
1. 菲菲在小区取了一些土，你认为土壤中可能有什么呢？	土壤的主要成分	分析
2. 爸爸也给菲菲带来一些土，这两种土有什么不同呢？	描述不同土壤的特点	比较、概括
3. 菲菲看种植说明书上说要选渗水性好的土壤种植石莲花，你猜猜哪种土更适合呢？为什么？	观察、比较并不同土壤的特点，与植物生长建立联系	批判思维能力
4. 菲菲种植完成了，她还想在花盆中点缀一些岩石，她选了一些，这些岩石有什么不同？她可以怎样比较这些岩石？	比较不同岩石的特征	分析、比较

配图（实际图片较大）

2. 前测反馈

（1）土壤的主要成分。

土壤的主要成分答卷

生物与生物遗骸	矿物	石头、沙、土（黏土）	水	其他
36%	15%	32%	5%	12%

关于土壤的成分，学生认识比较零散，在以往的学习中学生大量接触土壤中生活的生物，有36%的数据指向土壤中有生物或生物遗骸，32%数据指向石头与沙，说明有部分学生从不同颗粒大小关注到土壤内部。还有部分学生提到了矿物、水、垃圾等，说明学生日常观察内容比较丰富，但没有学生提出土壤中有空气。

（2）描述不同土壤的特点。

土壤的特点答卷

颜色	疏松程度	干湿程度	颗粒	用途	其他
31%	18%	25%	12%	7%	7%

虽然还没有了解土壤的主要成分，但学生能够根据以往经验从多种维度比较不同的土壤，主要集中在表面，如颜色、干湿程度，比较内部结构的学生相对较少，仅有30%数据指向疏松程度与颗粒大小。

（3）比较不同土壤的特点，与植物生长建立联系。

土壤与植物的成长联系

根据经验、直觉推测	从结构与功能推测
40%	60%

超过一半的学生能够从结构角度分析特定土壤是否具有这一功能。其中也有推理错误的同学，如有部分学生认为土壤颗粒越细则越容易吸水，渗水能力也越强。也有40%的学生是从经验角度分析问题，比如黑土是优质土壤等。

（4）岩石特征的认识。

粗糙程度	透明度	颜色	有孔无孔
20%	32%	40%	8%

学生不清楚岩石与矿物的关系，因此没有学生提出不同岩石可能含有不同矿物，学生可以从岩石、粗糙程度、颜色、有孔无孔等方面比较岩石，说明学生在日常生活中有一定直接经验，但是学生可能受前概念影响，对岩石的硬度没有认识，学生一般都认为岩石比较坚硬。

（5）思维能力。

通过前测可以发现，所有学生都具有一定的观察与比较能力，比较岩石与土壤的某些特征，并根据要求进行分类，能简单分析岩石与土壤的特征及结构。

（三）前测分析与策略

通过前测可以发现，学生确实处于由形象思维向抽象思维过渡的阶段。学生思维的难点是其批判思维的敏捷性与深度不足。可以看出，大部分学生都能够"言之有据"，但如何分析一个复杂问题，是学生的困难之处。分析是一种重要的高阶思维能力，本单元有大量的分析过程，在过渡阶段教师不能放手让学生自主对问题进行分析，或者把单元的活动局限于观察与比较训练，教师代替学生分析问题，学生仅仅做观察比较信息的收集员，那么学生将很难建构高阶思维能力。教师应带领学生体会分析的过程。引导学生尝试区分呈现材料的相关与无关部分或重要与次要部分，将观察的要素组织起来形成观点与证据的链条。

通过访谈发现，学生思维的敏捷性有限，教师可以通过搭建思维脚手架的方式帮助学生分析问题。比如学生无法将土壤颗粒与渗水性建立联系。在引导学生绘制图式（2D模型）后（下图），学生很快能够将结构与功能建立联系，展开推理。这也正是学生思维过渡阶段教师的重要工作。

通过绘图学生可以更好地提出假设

三、教学目标

（一）科学观念

通过探究活动，学生认识到土壤按成分含量不同可分为沙质土、黏质土和壤质土，不同的土壤适合种植不同的植物。

（二）科学思维

在教师的引导下通过对三种土壤的观察和比较，分析得出不同的土壤特征对植物生长的影响。根据研究问题审慎提出假设，并能提供支撑性的证据。能够应用模型分析问题、阐述观点。

（三）探究实践

能够通过观察、比较、实验比较三种土壤的不同特征，从而分析得出适合水稻生长的土壤条件。

（四）态度责任

通过探究学习，感受到细致认真的观察、比较、记录和描述是十分重要的，认识到土壤对人类的重要作用。

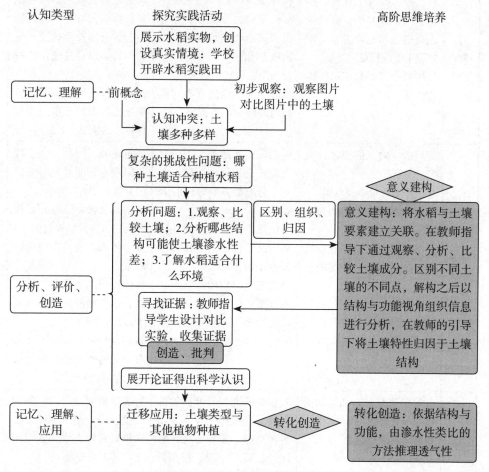

课时学习设计与高阶思维培养路径

四、学习效果评价

维度	水平1	水平2	水平3
科学观念	知道土壤是多种成分构成，能够简单说出部分成分，知道砂质土、黏质土、壤质土颗粒大小不同，渗水性不同。知道地球表面覆盖着岩石，岩石是由矿物组成的；能够说出一些岩石的特征	知道土壤的主要成分，观察并描述砂质土、黏质土、壤质土的特点举例说出它们适宜生长的植物。知道地球表面覆盖着岩石，岩石是由矿物组成的；比较不同岩石的特征	知道土壤的主要成分，观察并描述砂质土、黏质土、壤质土的特点分析得出它们适宜生长的植物。知道地球表面覆盖着岩石，岩石是由矿物组成的；了解岩石、矿物、土壤的区别与联系；能从多种维度比较不同岩石的特征
科学探究	在教师的指导下观察、实验、比较等方法，有局限性地描述和记录岩石、矿物和土壤的特征。参与制作岩石与矿物标本活动	能在教师指导下利用观察、实验、比较等多种方法，描述和记录岩石、矿物和土壤的特征。会制作岩石和矿物标本。了解不同土壤适宜不同植物的生长	能通过实验或运用简单工具，认识化石标本，比较不同岩石的外部特征，学会用科学语言描述这些特征。探索比较不同土壤特征，简单推测哪种土壤适于何种植物的生长
科学思维	无目的、随意的描述性观察。单个静态微观特征观察。以实物本身实物图像为模型。给出想法时仅给出观点，观点缺乏事实性证据的支撑	观察描述较随意，但会自发与已有知识作比较，对多个静态微观特征进行观察。会使用绘图或简单图表归纳、比较特征，用2D图形表述3D物体。给出想法时仅给出观点，当被要求给出事实证据时仅能给出与观点不完全匹配的事实证据	多角度分析问题，当出现不同观点时能够完善自己的分析。观察时会联系已有知识提出问题，自发生成目的。多个静态微观及宏观特征观察。会使用图式（模型）等工具表达事物间的关系或实践过程。将观点与事实证据连接，有目的地收集证据进行简单的推理与论证
态度责任	有收集研究岩石和矿物的兴趣。能如实记录和报告观察与实验的信息	有收集研究岩石和矿物的兴趣。在教师引导下采用多种思路、多种方法观察比较岩石与土壤，初步具有创新的兴趣	有收集研究岩石和矿物的兴趣。乐于使用多种方法认识岩石和土壤。认识到土壤是重要资源

五、教学过程

教学阶段	教师活动	学生活动	设计意图
一、创设真实情境，提出问题	1. 展示水稻实物，创设情境。 2. 谈话：学校要开辟一片劳动试验田种植水稻，哪一块土地土壤更适合？ 3. 引导学生初步分析问题："为水稻从三块土地中选择合适土壤，我们要解决哪些问题？"	1. 展开初步猜想，产生细致观察的动机。 预设1：黑色适合； 预设2：颗粒小适合，因为更紧密。 2. 初步分析问题。 预设1：比较土壤发现它们的不同； 预设2：了解水稻适合什么环境	引导学生审慎地看待复杂真实问题，展开分析。先进行观察，比较。 "意义建构" 学生初步拆解构成问题的要素，将真实问题拆解成可研究的科学问题（比较土壤、了解水稻适应的环境）
二、分析问题提出假设	1. 小组合作观察比较土壤。 （1）谈话：如果给你这三种土壤样品，你想比较这些土壤的哪些特征？如何比较？ （2）展示观察提示与记录表格。 要求：小组观察不同土壤的颜色、颗粒、粗糙程度、黏性。 2. 为了便于表述立体事物，我们用圆圈表示不同土壤的颗粒大小。在记录单中填一填土壤颗粒情况。 （见下表） 3. 温馨提示： （1）用多种感官仔细观察并记录； （2）注意实验卫生，不能用嘴尝； （3）实验完成后，用湿巾擦干净手。 4. 组织交流，认识三种不同土壤。 总结认识：这三类土壤为砂质土、黏质土、壤质土。	学生展开观察活动，比较土壤颗粒、黏性、粗糙程度等特征。利用模型表述土壤颗粒。 策略：与前一节课沙、粉沙、黏土建立联系。 策略：为学生提供思维脚手架，画图（模型）体会结构。 学生表达交流三类土壤不同点。 预设：因黏土易形成团粒，学生容易产生争议。部分学生会认为黏质土颗粒大（粘在一起了），部分学生认为黏质土颗粒小。	"转化创造" 将形象特征抽象化创造新知识——用平面表述立体物体的结构。 科学方法在新情境中的应用——用模型方法分析新问题。 "审辩判断" 通过观察——表达交流——辩论与完善观点培养学生审辩判断思维。 确定要素与问题的关系，比如颗粒大小是否与渗水性有关。粗糙程度是否与渗水性明显相关。培养了学生高阶思维的深刻性。 通过追问引导学生审慎思考问题，考虑影响问题的多种因素。

感官观察	特征	1号	2号	3号
	颜色	棕色、颗粒大	浅棕色、颗粒小	黑色、颗粒大小都有
	颗粒（图式表述）			
	粗糙程度	☆☆☆	☆☆☆	☆☆☆
	黏性打钩	☆☆☆	☆☆☆	☆☆☆

续 表

教学阶段	教师活动	学生活动	设计意图
二、分析问题提出假设	5. 将比较土壤收集的信息与真实问题建立联系。 谈话：水稻生长需要渗水性弱，你认为可能哪种土壤渗水性好，其中哪些特征是你们提出假设的依据？ 注意生成：这些特征中只有颗粒大小影响渗水性吗？ 提出假设：含黏土较多、颗粒小、黏性大的1号土壤渗水性好	教师鼓励学生大胆提出自己的观点，互相质疑互相补充，再次观察以解决问题。敢于完善自己的认识。 学生提出假设	"意义建构" 在教师引导下将水稻环境要求与土壤要素建立关联，分析渗水性与土壤的特性的关系。发展学生结构与功能概念
三、收集证据、展开论证	1. 谈话：我们在户外观察只能依靠简单的观察方法进行猜想与假设。但是取样进入实验室我们可以通过实验去验证我们的猜想。展示实验材料。 2. 引导学生设计、完善对比实验。教师关注引导学生注意对比实验要考虑公平。 引导学生展开推理： 前提，同样多的水倒入，如果渗出的水多，说明…… 前提，同样多的水倒入，如果渗出的水多，说明……	学生理解实验方法。学生展开实验，收集证据。 在教师引导下学生展开论证。 预设1：我们观察到1号杯保留的水比较多； 预设2：我们看流出的水1号比较少，说明留在土里的水比较多。 策略：教师提供思维脚手架，提供推理的句式	
四、拓展	1. 介绍其他植物与土壤相适应的例子。 ※2. 创造性的问题。种植水稻过程中又有一个新问题，黏质土保水保肥适合种植水稻。但是有研究发现水稻根部需要一定透气性。你认为黏质土透气性好吗？那我们怎么办呢？	学生发散思考问题	"转化创造" 开放性问题培养学生发散思维，创造思维。问题帮助学生继续发展结构与功能观。 利用结构与功能分析土壤渗水性的方法迁移到分析土壤透气性，并鼓励学生再利用结构与功能够创造性解决问题

"日食"教学设计

中国人民大学附属中学实验小学　杨晓娟

一、单元指导思想与理论依据

辩证系统观：系统是自然界物质的普遍存在形式，自然界的物质系统具有整体性、关联性、层次性、开放性和动态性、自组织性，宇宙本身即是一个系统。

（引自《自然辩证法》）

基于上述哲学思想，本单元的教学，仅仅停留在小学生已有的认知层面是不够的，他们头脑中的宇宙系统是不同天体的独立单元，是毫无联系的陌生或熟悉的孤立个体。因此，要让他们在整个星空下感知宇宙，提供全面的天体信息，引导学生进行推理和想象，建构有关太阳系、星座、星系等模型，在头脑中形成具有整体性、关联性、层次性、动态性的宇宙体系或结构模型，从而形成初步的、有一定系统的宇宙认识观。

科学论证是科学研究的实践活动，是科学学科核心素养目标中科学思维的基本要点之一。它是基于科学事实对未知的科学领域提出主张或观点，并用证据为主张进行支持性解释的过程。

科学论证既可以证实，也能证伪。证实是通过大量的事实来归纳证明一个理论的正确性。而证伪是建立在演绎逻辑的基础上，找到实验结果或实际现象与假设或某种理论的反例，由此推断其不成立。如果在适当的学习内容中涉及证伪的方法，能丰富学生的思维，也是理解大概念、用大概念去认识和理解世界的需要。

（引自《小学科学教学关键问题指导》）

基于上述理论，"日食"一课的教学，不应止步于学生基于具体形象思维对"日食是怎样形成的"这一问题的作答（"月球挡住太阳光，日食就形成了"源自学生前测），而应引导学生通过对"如何证明是月球（而非其他天体）遮挡住太阳光""月球是怎样挡住太阳光的"等问题的演绎逻辑逐步获得充足、可靠、可信的证据，最终对"日食现象"提出理性主张的过程。其中，学生对于"是不是金星或者水星挡住太阳"的猜测，将用两个事实进行证伪。一是"近大远小"原则。先利用视觉上的相对大小数据进行对比分析，再用天文学家拍摄的日全食以及金星、水星凌日的图片资料进一步求证，发现金星或水星只有芝麻大小，不足以完全挡住太阳，从金星和水星凌日图片看，它们在太阳表面上就是一个点；二是金星或水星的视运动方向。金星或水星的视运动方向有一定的复杂性，但它们在经过太阳表面时的视运动方向一定是由东向西，而实际观察到的日食现象中挡住太阳物体运动方向却是自西向东的。于是，运用证伪的方法排除了金星或水星运动到太阳和地球之间后出现日食的可能，从而为月球能够遮挡太阳光形成日食获得了充足的证据。

二、单元教学背景分析

（一）单元教学内容

1. 课标分析

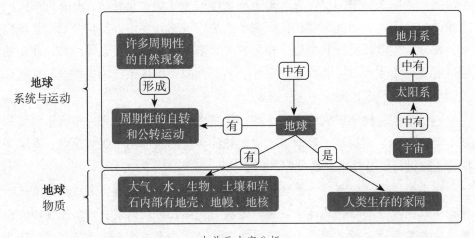

本单元内容分析

本单元隶属于地球与宇宙科学领域中宇宙中有太阳系，太阳系中有地月系，地月系中有地球这一概念范畴。围绕此概念在不同学段所体现的学习进阶关系如下。

大概念	分解概念	学习进阶目标		
		一至二年级	三至四年级	五至六年级
13. 在太阳系中，地球、月球和其他星球有规律地运动着	13.4 太阳系是人类已经探测到的宇宙中很小的一部分，地球是太阳系中的一颗行星	知道太阳能够发光发热，描述太阳对动植物和人类生活有着重要影响	知道地球是一个球体，是太阳系中的一颗行星。描述月球表面的概况。知道太阳是一颗恒星	知道太阳是太阳系的中心；知道太阳系中有八颗行星，描述它们在太阳系中的相对位置。 描述月球、地球和太阳的相对大小和相对运动方式。 知道大熊座、猎户座等主要星座；学习利用北极星辨认方向。 知道宇宙中有无数星系，银河系只是其中的一个。 了解人类对宇宙的探索历史，关注我国及世界空间技术的最新发展

由此可见，宇宙系统中有关现象、事物变化及其规律具有一定的复杂性，因此在指导学生建立大概念的过程中，需要将类比推理、科学假说、模型说明等多种学习方法和思想方法进行综合运用。

2. 教材分析

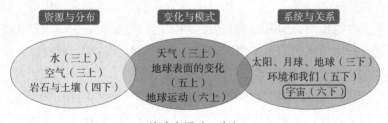

地球家园（二上）

纵观"地球与宇宙科学领域"教材全册内容，充分体现科学概念的连贯性和综合性。地球家园是我们认识地球与宇宙空间的重要基础，在此之上可将相关内容划分为紧密联系的三个圈层，依次为资源与分布、变化与模式、系统与关系。从这样的划分中我们可以看到，地球与宇宙空间知识的学习，不是一蹴而就，而是螺旋式的循序渐进过程。聚焦于"宇宙"这一单元，它既是在"地球运动"单元的基础上，对变化与模式圈层的继续，又是对系统与关系圈层的进一步深入。因此，本单元的学习重在对"系统"一词的探索，在时空巨系统中尝试建构较完整的宇宙模型。

3. 单元学习内容分析

宇宙		
1.太阳系大家庭	40	太阳系范畴
2.八颗行星	43	
3.日食	45	
4.认识星座	47	银河系范畴
5.夏季星空	49	
6.浩瀚的宇宙	51	
7.探索宇宙	54	宇宙科学技术与工程范畴

小　近

大　远

单元学习内容

　　本单元共有7课时，从研究范围上由小到大，从视野上由近及远。从内部结构上可划分为三部分：

　　第一部分是第1~3课，属于太阳系范畴。"太阳系大家庭"是单元的起始课，学生将在日、地、月系统中添加一些天体，并认识到太阳系中除了地球以外，还有许多天体存在，它们都有其特定的轨道。太阳系有八颗行星，地球是太阳系的第三颗行星。学生通过阅读八颗行星的基本数据表，对数据进行处理，给八大行星进行排序，建立相对位置关系模型。当学生运用日、地、月系统中三个天体的相对运动方式的知识，利用模拟实验的方法模拟日食现象，并通过改变月球与地球的距离模拟不同的日食现象的过程中，对太阳系的组成和运行状态有了更加深刻的认识。

　　第二部分是第4~6课，属于银河系范畴。在这一部分，学生首先通过建立一个北斗七星的模型，客观真实地去认识和了解星座，建立正确的有关星座的概念，同时培养和提高学生的空间想象力和推理能力。接着在制作观星盘的活动中，学生了解到更多的星座，并在实际观察中认识到星座在天空中有规律的运动变化——因地球自转时地轴始终指向北极星，因地球公转而形成的星座逐渐西移现象。最后学生在制作和观察模型的过程中自主提出关于银河系或者河外星系的一些有价值的问题。至此，学生对宇宙的结构和运动有一个初步的认识，在头脑中建立起有关宇宙系统的概念。

　　第三部分是第7课，属于宇宙科学的技术与工程范畴。丰富的资料展示了人类在探索宇宙方面重要的科技成果，如各种望远镜和航天器等，让学生了解人类在探索宇宙过程中付出的艰辛努力甚至牺牲，从中感受到科学家对待未知世界勇于探索、不断创新、追求真理的科学精神。

（二）学生情况分析

1. 单元学情分析

为了更全面地了解学生原有生活经验和已有认知能力水平，设计更具针对性的教学活动，提升本单元在整个地球与宇宙科学领域单元的教育教学功能和价值性，笔者对授课年级的学生进行了访谈调研，根据访谈数据的分析得到如下结论。

（1）科学认知水平。

学生已经知道了许多有关地球、太阳、月球和其他星球的知识，有的甚至还可以讲出黑洞、超新星爆炸、类星体等科学词汇来。我们在惊叹学生接触信息的广泛性之余，更会赞叹人类对宇宙奥秘孜孜不倦的追求与探索，留下了如此丰富多彩的智慧成果。然而，本单元的教学仅仅停留在学生已有的认知层面是否足够？学生有没有观察过某些天文现象，对于各种词汇，他们真的理解吗？

（2）科学实践能力。

学生在这之前已经学习了"我们的地球家园""太阳、地球和月球""地球的运动"等相关内容，在此类问题的研究过程中多次借助模拟实验或者模型建构的方法来解释地球演化的现象，探索其变化的规律。因此学生们已经具备了长期观测的能力，在设计模拟实验方面积累了一定的经验。这些都有利于学生在本单元对宇宙系统进行长期观察，制订计划，检验模型的合理性，从而更好地理解宇宙系统的结构及其运行模式。

（3）科学思维水平。

学生对宇宙系统的理解目前还停留在具体形象思维阶段，因此本单元的教学将更加重视学生思维由形象思维逐步提升到抽象思维的过程。模型思维是心理模型建构的过程，它包含激活原有模型、对模型中的元素产生认知冲突、创建新模型、使用新模型四个阶段的循环使用。要使心理模型真正地成为知识体系中的一部分，还要知道如何运用心理模型，并在此基础上做出解释、推论和预测，这样才算完成整个的概念转变过程。因此，本单元中将重点关注学生使用新模型描述、解释、预测和推论新的问题情境中物质实体的行为表现。

2. 课时学情分析

基于单元学情的分析，结合"日食"一课在本单元的教学功能性和价值性，笔者运用问卷调查法对授课年级200名学生进行了前测。测试题目与结果分析如下：①考查学生对月球、地球和太阳的相对运动关系的认识：请你试着描述地球、月球、太阳是怎样运动的？②考查学生对日食发生过程的认识：日食是怎样发生的？你能否设计实验模拟日食发生的过程？

（1）考查学生对太阳、地球和月球的相对运动关系的认识。

请你试着描述地球、月球、太阳是怎样运动的？

认知水平	回答情况	比例
水平一	没有作答或方法错误	2.5%
水平二	能够准确描述太阳、地球、月球的自转、公转，但对三个天体的相对运动方向不了解。	79%
水平三	能够准确画出地球的自转和公转方向，但对月球的相对运动方向有错误的认识。	18%
水平四	能够准确地描述太阳、地球、月球的自转、公转，并能准确画出三个天体的相对运动方向。	0.5%

对太阳、地球、月球相对运动关系的认识

79%
2.5%
0.5%
18%

水平一
水平二
水平三
水平四

学生对太阳、地球和月球的相对运动关系的认识

分析：通过之前的学习，学生对地球、月球、太阳已经有了一些知识基础。知道月球围绕着地球运动，是地球的卫星；知道地球是太阳系中的一颗行星围绕着太阳自西向东运动。但这些知识，对于本节课所要达成的目标——利用三个天体的相对运动、相对大小和相对位置关系解释日食的发生是远远不够的。对日食发生的关键角色——月球的相对运动方式知之甚少，甚至存在错误认识。

（2）考查学生对日食发生过程的认识。

日食是怎样发生的？你能否设计实验模拟日食发生的过程？

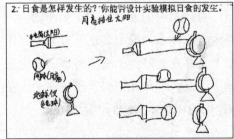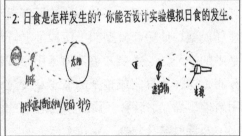

学生对日食发生过程的认识

分析：学生对日食的发生有着相对比较统一的观点，他们普遍认为月球挡

住太阳光日食就发生了。但是由于缺乏日食观测的经验，学生对于月球为什么能够从视觉上遮挡住太阳？月球是怎样遮挡住太阳的？对这两个问题学生并没有深刻的理解和认识。学生建构的日食模型虽能够模拟出三个天体的相对位置关系，但观察视角大多是立足于地球以外的宇宙空间中，并且指认地球上月球的影子就是日食现象，他们观测到的是日食吗？

（三）教学策略

（1）依据"图尔敏论证模型"，按照"提出主张—获取证据—推理举证"的过程设计教学活动，让学生从被动的科学知识接受者转变为主动的、积极的科学意义建构者。

（2）借助回溯推理、类比推理、求同归纳等思维方法引导学生形成问题的过程，用问题链保持学生思维的持续参与，用思维互动拓展思维的深度和广度。

（3）充分利用学生建构的三球运动模型产生对其中部分元素及观测视角的认知冲突，激发学生建构新模型以适应新问题情境的内在驱动力。

三、单元教学目标

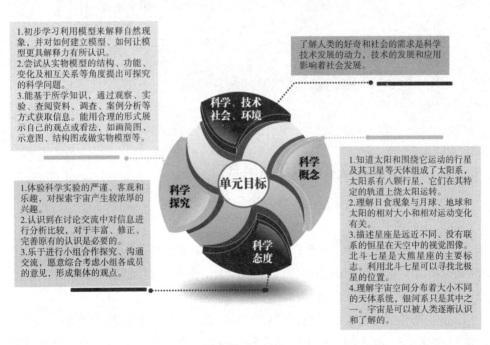

1.初步学习利用模型来解释自然现象，并对如何建立模型、如何让模型更具解释力有所认识。
2.尝试从实物模型的结构、功能、变化及相互关系等角度提出可探究的科学问题。
3.能基于所学知识，通过观察、实验、查阅资料、调查、案例分析等方式获取信息。能用合理的形式展示自己的观点或看法，如画简图、示意图、结构图或做实物模型等。

了解人类的好奇和社会的需求是科学技术发展的动力，技术的发展和应用影响着社会发展。

科学、技术
社会、环境

科学
概念

单元目标

科学
探究

科学
态度

1.体验科学实验的严谨、客观和乐趣，对探索宇宙产生较浓厚的兴趣。
2.认识到在讨论交流中对信息进行分析比较，对于丰富、修正、完善原有的认识是必要的。
3.乐于进行小组合作探究、沟通交流，愿意综合考虑小组各成员的意见，形成集体的观点。

1.知道太阳和围绕它运动的行星及其卫星等天体组成了太阳系，太阳系有八颗行星，它们在其特定的轨道上绕太阳运转。
2.理解日食现象与月球、地球和太阳的相对大小和相对运动变化有关。
3.描述星座是远近不同、没有联系的恒星在天空中的视觉图像。北斗七星是大熊星座的主要标志。利用北斗七星可以寻找北极星的位置。
4.理解宇宙空间分布着大小不同的天体系统，银河系只是其中之一。宇宙是可以被人类逐渐认识和了解的。

单元教学目标结构图

四、单元教学过程

本单元的认知过程，基本上是对宇宙系统客体进行观察，采用思辨的方式，尤其是辩证的思考，提出关于宇宙对象存在及变化规律的假说。通过假说解释宇宙系统各种现象的存在特点和运行规律，借助模拟实验或模型说明，并运用类比推理等思维方法最终形成关于系统与相互作用，运动与模式的科学观念。

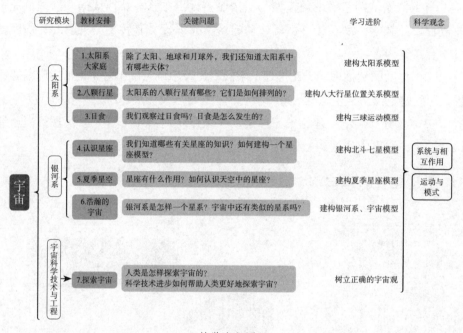

教学流程图

五、单元学习效果评价及结果分析

本单元的学习效果评价主要分为两大部分。

（一）过程性评价

教学过程中通过学生提问情况、实验记录单书写情况、模型建立方法探讨的交流情况、观察结论的表达等判断学生提出问题、收集证据、制订方案、形成解释、表达交流等探究能力。

通过倾听学生发言、讨论，发起生生互动，判断学生是否经历观察、推理与发现的过程，能否运用分析、推理等思维方法形成科学解释。通过学生的发言内容了解学生对宇宙的探究兴趣，是否会在课后继续了解相关知识。

评价的主要目的在于学生探究方向的把控和探究进程的推进。

评分项目	评分细则	教师评价	学生评价
预习	学生能够在课前认真阅读教材内容，并根据学习目标提出本课想要研究的问题，制订相应的研究计划。（3分）	学生能够在课前认真阅读教材内容，并根据学习目标提出本课想要研究的问题。（2分）	学生能够在课前认真阅读教材内容，了解主要学习目标。（1分）
自主学习	小组讨论时，小组成员能够积极、大胆地发表自己的观点，并认真倾听别人的意见，气氛较为热烈，完成全部讨论任务。（3分）	小组讨论时，小组成员团结、协作，有组员代表发表观点，其余成员做到认真倾听，基本完成讨论任务。（2分）	小组讨论时，分工不够明确，很少有人发表观点，只有少数同学完成讨论任务。（1分）
展示	展示时，声音洪亮，能清楚地表达本组的观点，并能正确地回答同学的提问。（3分）	展示时，基本能表达清楚本组的观点，对于同学的提问，不能完全回答。（2分）	展示时，只能说出问题的答案，不会叙述理由。（1分）
点评	能正确给予评价，并能对存在的问题进行修正，或提出更好的建议。（3分）	能正确给予评价，能对部分存在问题进行修正。（2分）	只能评价对或错。（1分）
质疑	能够对其他组展示中存在的问题提出疑问，并能给出正确的解答。（3分）	能够对其他组展示中存在的问题提出疑问，能帮助解答，但不全面。（2分）	能够对其他组展示中存在的问题提出疑问，但不能解答。（1分）
拓展研究	能够对老师本节课提出的拓展性问题进行深入的思考，并能够在课下搜集相关资料开展持续性的研究。（3分）	能够对老师本节课提出的拓展性问题进行深入的思考。（2分）	不能够理解本节课老师提出的拓展性问题。（1分）

（二）终结性评价

围绕单元核心概念的单元后测，单元后测中主要考查学生对"宇宙的系统构成""太阳系八大行星""日地月系"的科学概念的认识；在各个系统是否能依据观察目标建立模型的学习方法；通过考查学生能否"依据模型进行相对位置的推测"了解学生科学思维能力；通过对"人类技术与宇宙的关系"等题目考查学生科学、技术、社会与环境目标。测试题目如下。

> **"宇宙"单元评价**
>
> 1.你能画出日食发生时的太阳、地球和月球的相对位置关系吗?
>
> 2.你能在大熊星座中找到北斗七星吗?
>
>
>
> 3.你能用图示表示出宇宙、银河系、太阳系、日地月系统的关系吗?
>
>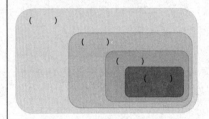
>
> 4.通过本单元的学习,你对宇宙系统有了哪些新的认识?

测试题目

知识水平评价如下。

	科学知识	科学探究	科学思维	科学态度	科学、技术、社会与环境
水平一	知道宇宙有星系,银河系是其中一个;银河系包含了太阳系,知道日地月系统的相对大小及运动方式	认识到模型可以帮助我们解释天文现象	知道分析要基于事实,但不能很好地分析推测	对探索宇宙产生兴趣,愿意课后了解宇宙相关知识	认同技术发展帮助我们探索宇宙

续表

	科学知识	科学探究	科学思维	科学态度	科学、技术、社会与环境
水平二	能够说出宇宙由无数星系构成，银河系是其中一个。银河系包含了太阳系，太阳系包含八大行星；地球是其中一个行星，知道日地月系统的相对大小及运动方式	能够在模型的指引下解释自然现象；能基于所学知识，通过观察实验、查阅资料、调查、案例分析等方式获取信息	知道观察和模型可以帮助分析问题，进行推测得出结论	对探索宇宙产生浓厚兴趣，愿意课后继续探究宇宙相关知识	感受人类的好奇和社会的需求是科学技术发展的动力，技术的发展和应用影响着社会发展
水平三	能够从系统的角度说出宇宙由无数星系构成，银河系是其中一个；银河系包含了太阳系，太阳系包含八大行星；地球是其中一个行星，知道日地月系统的相对大小及运动方式	能够主动建立模型来解释自然现象；能基于所学知识，通过观察实验、查阅资料、调查、案例分析等方式获取信息	知道要有目的地观察，建立模型可以帮助分析问题，进行推测得出结论	对探索宇宙产生浓厚兴趣，愿意课后继续探究宇宙相关知识。关注我国及世界空间技术的最新发展	知道人类的好奇和社会的需求是科学技术发展的动力，技术的发展和应用影响着社会发展

六、单元教学特色分析

（1）以"图尔敏论证模型"为教学活动设计的依据，凸显基于学生观点而发展的实证性探究活动。

证实与证伪方法的结合，引导学生在一个反复论证、不断发展认识的过程中逐渐形成准确、完整的日食概念。让学生充分体会到：像科学家一样有自己的观点，为了自己的观点而求证。正如郁波老师所言"科学教学终结于'论证'而非单纯的概念获得"。

（2）创新性实验教具的设计，动态呈现日食现象形成的过程，将本课时现象与单元所指向的大概念建立联系。模型是认识宇宙世界的一把金钥匙，同时又是通向科学真理的桥梁。利用此教具学生能像科学家一样使用"观测镜"观察并拍摄日全食、日环食、日偏食的形成过程，让学生"看见"运动过程中现象的发生，完善并内化"有规律的运动"这一大概念。

（3）类比推理、归纳推理、科学假说等多种方法的综合运用，使学生形成问题的过程环环相扣、逻辑严密。

（4）实物建模、图像建模、思维建模相结合，化抽象为直观，帮助学生实现科学概念的内化和逻辑思维的提升。

七、《日食》课时教学目标

（一）科学概念
理解日食是日、地、月三个天体运动形成的天文现象。

（二）科学探究
运用模拟实验的方法模拟日食现象。

对模拟实验中的现象进行细致的观察，根据模拟实验中的现象进行科学论证、逻辑推理和解释。

（三）科学态度
体验科学实验的严谨、客观和乐趣，意识到设计科学研究方案的重要性。
能够大胆地想象，表达自己的想法。

保持关注典型天文现象的兴趣。

（四）科学、技术、社会与环境
意识到太阳系中天体的运动是有规律的，并可以逐渐被人们认识。

八、《日食》课时教学重难点

理解日食是日、地、月三个天体运动形成的天文现象。
运用模拟实验的方法模拟日食现象，并根据模拟实验中的现象进行科学论证、逻辑推理和解释。

九、《日食》课时教学过程

教学环节	问题形成过程	认知发展目标	思维发展目标

聚焦　日食是怎样形成的？　→　原型观察，唤醒对日食现象的已有认知，链接新问题情境，提出主张。　回溯推理

探索

如何证明是月球（而非其他天体）挡住太阳光？　→　对比分析水星、金星、月球的相对位置、相对大小的信息资料，获取月球遮挡太阳光形成日食的证据。　比较、判断、证伪

月球、地球相对于太阳是如何运动的？

如何设计模拟实验呈现太阳、月球、地球的相对运动关系？用什么模拟什么？

借助实验装置我们看到日食现象？看不到的原因是什么？

如何改进实验装置，能够从地球视角观测日食现象？

利用实验装置，我们能够观测到的日食现象可能有哪几种类型？

在不同的日食现象中，太阳、月球、地球的相对位置关系可能是怎样的？（提出猜想并用三张图片呈现在黑板上）

→　对月球的相对运动方向提出假说，建构三球运动模型并进行模拟实验。对日全食、日环食、日偏食的形成原因提出假说，利用改进后的模型展开模拟实验，观察日食现象，感受日食是一个动态发生、逐步变化的过程，发现日食是日、地、月三个天体运动形成的天文现象。　比较、分类、证实

推理论证

研讨

通过模拟实验现象的观察，你能试着解释日全食、日环食、日偏食是怎样形成的？　→　基于模拟实验中观察到的现象，对日全食、日环食、日偏食的形成原因进行解释，并进一步归纳出日食的成因。（解释模型）　比较、归纳推理、类比推理

2020年6月天文学家在我国拍摄到了一次日食现象，被称为21世纪最美的日食。你们能分析一下它属于哪种日食类型？它是怎样发生的？　→　基于对模拟实验现象的解释，尝试对金边日环食现象进行解释，进一步强化对日食概念的理解。（解释原型）　类比推理

拓展

本节课我们在不改变观测者所在位置的前提下对日食现象展开研究。如果观测者分别在地球上的不同位置进行观测，A、B、C三个位置可能分别观测到哪种日食现象？　→　从同一观测视角的研究转移到地球上不同观测位置对日食现象的观察，对日食形成原因的解释进行迁移应用，深化对日食概念的理解。　演绎推理

教学阶段	教师活动	学生活动	设计意图
一、聚焦	1. 谈话：今天杨老师给同学们带来一段由天文学家拍摄的视频，从视频中我们能够观察到哪种天文现象？ 2. 提问：日食是怎样发生的？ 3. 事实和我们所描述的一样吗？这节课我们就一起研究"日食" （板书：日食）	1. 观察日食现象（视频），聚焦日食发生过程。 2. 基于生活经验和已有认知描述日食发生过程。（预设：月球挡住太阳发出的光，日食就发生了）	借助日食天象视频唤醒学生已有的生活经验和认知，对于日食的形成原因提出自己的主张。
二、探索	（一）推测日食发生时，地球、月球、太阳的相对位置。 1. 谈话：在太阳系中，天体都在围绕太阳运行。如何证明在这些天体中是月球挡住太阳光，发生日食？ 2. 师生交流 （1）通过初步分析，我们可以先排除掉哪些天体能够遮挡太阳光的可能性？ （2）出现在地球和太阳之间的天体，要想挡住太阳光，在相对位置上还需要满足什么条件？ 	1. 回顾旧知，展开小组讨论。 2. 分享交流 （1）预设：首先排除火星、木星、土星、天王星、海王星，因为它们不在太阳和地球之间，无法从地球视角遮挡住太阳光。 （2）预设：分别与太阳和地球在一条直线上。 	以相对位置视角对比分析水星、金星、月球遮挡太阳光形成日食的可能性，产生认知冲突，激发学生进一步取证的内驱力。

教学阶段	教师活动	学生活动	设计意图
二、探索	（二）验证关于水星、金星、月球与太阳相对大小的假设。 1.提问：假定在它们各自运行的某一时刻，恰好分别与地球、太阳成一条直线，是否都有可能遮挡住太阳光发生日食？ 2.谈话： （1）对比分析这些数据，我们能进一步获取什么证据呢？（PPT出示水星、金星、月球赤道直径，到地球的平均距离数据资料。） （2）我们现在已知太阳的直径大约是月球直径的400倍，要想使月球和太阳的视觉大小差不多（出示日全食图片及视觉大小比例计算公式），太阳到地球的距离大约是月球到地球距离的多少倍？为什么？ （3）我们把太阳光被月球完全遮挡的现象叫作日全食。推测：水星和金星有可能发生日全食现象吗？ （4）观察这三张照片，你能试着判断出月球、金星、水星对太阳遮挡的现象吗？	1.预设：不一定，因为水星、金星、月球的大小不一样。 2.分享交流： （1）预设：水星的直径和月球差不多，但是距离却大出了约100倍；金星的直径比月球大3倍，但是它到地球的距离比月球到地球的距离差约大出了100多倍；月球的直径虽然是最小的，但是它离地球的距离是最近的，所以从地球上来看月球是最大的，最有可能挡住太阳光，形成日食。（天体离地球的远近影响了它的视觉大小） （2）预设：400倍（近大远小），这样太阳的光就能够被月球完全遮挡。 （3）对比分析水星、金星与太阳的视觉大小，用数据证实：水星、金星挡住太阳的面积非常小，不能形成日全食。 | 天体名称	直径（千米）	到地球的平均距离（千米）	与太阳的视觉大小（直径）对比
水星	4878	579100000	1∶113
金星	12104	40500000	1∶30
月球	3467	384404	1∶1	 （4）对比观察日全食、金星凌日、水星凌日现象。	此环节以相对大小视角对于"是不是金星或者水星挡住太阳"的猜测进行证伪。获得月球能遮挡住太阳光的可靠证据。

155

教学阶段	教师活动	学生活动	设计意图
二、探索	（三）验证日食发生过程中，关于地球、月球、太阳相对运动关系的假设。 1. 提问：聚焦日全食发生过程，月球相对于太阳是如何运动的？ （1）谈话：如何设计模拟实验，验证你的猜想？ （2）提出任务：利用实验材料进行模拟实验，观察日全食发生过程。 （3）师生交流：你们观察到日全食了吗？我们观察到的日全食现象和天文学家拍摄不太一样，问题出在哪了？（如何改进我们的模型，从而能够观察到日全食？） 2. 提问：利用改进后的实验装置，我们可能会观测到哪几种日食现象？（出示并介绍改进后的实验装置） 3. 提出任务： （1）模拟并录制日食发生过程视频。 （2）基于观察到的现象，填写模拟实验记录单。	1. 交流分享：提出在日食发生过程中，关于地球、月球、太阳相对运动关系的猜想。 （1）预设：用手电筒模拟太阳、一个大球模拟地球，一个小球模拟月球；地球自转同时围绕太阳公转；月球自转同时围绕地球公转。 （2）分组实验。 （3）预设：通过实验来了解日全食现象。 我们观测的位置应该在地球上，而不是在地球以外的宇宙空间中。 2. 对可能观测到的日食现象提出假说，并用圆片在黑板上呈现每种日食现象对应的三球位置关系。 月球如何遮挡太阳光？ 	基于对日食现象原型的观察和讨论，建构模型。在此过程中让学生感受到日食的形成是一个动态发生、逐步变化的过程

续 表

教学阶段	教师活动	学生活动	设计意图
二、探索	4. 小结：月球围绕地球自西向东运动，在此过程中我们能够观察到日食从太阳的西边缘开始发生；当月球运动到地球、太阳之间并处于一条直线上时，月球的视觉大小和太阳差不多，因此能够完全遮挡住太阳光，发生日全食	3. 交流分享	
三、研讨	1. 谈话：2020年6月天文学家在我国拍摄到了一次日食现象，被称为21世纪最美的日食。（PPT出示：金边日环食视频资料） 提问：你们能分析一下它属于哪种日食类型？它是怎样发生的？ 2. 提出任务：请同学们将天文学家所拍摄到照片贴到黑板的对应位置	1. 尝试解释日环食的发生过程。 2. 将日全食、日环食、日偏食照片贴在本节课所观察到的实验现象对应位置 实验现象　天文现象 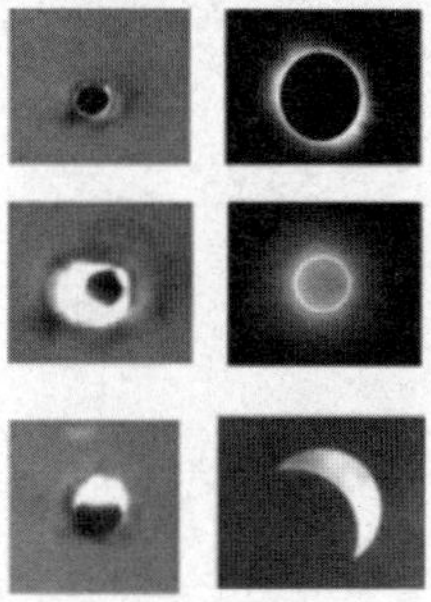 日全食 日环食 日偏食	基于对模型的解释类比推理形成对原型的解释
四、拓展	本节课我们在不改变观测者所在位置的前提下对日食现象展开研究。 （1）提问：如果观测者分别在地球上的不同位置进行观测，他们所观察到日食现象相同吗？为什么？ （2）图中A、B、C三个不同位置的观测者，他们有可能观察到哪一种日食类型？ 事实和我们推测的一样吗？在以后的学习中，我们继续研究	对图片中A、B、C三个不同位置所观察到日食现象进行推测 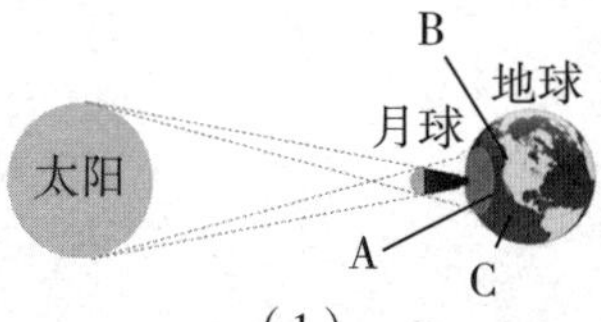 （1） 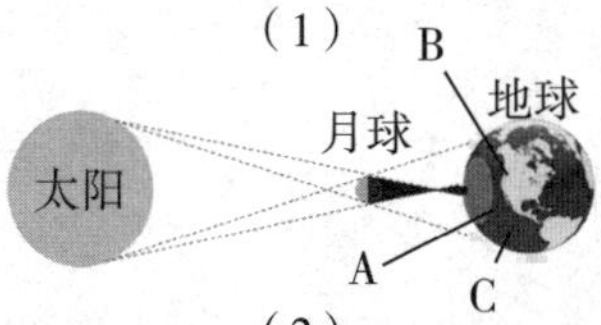 （2）	从同一观测视角迁移至不同观测视角对日食现象的研究，在演绎推理的过程中达成相关概念的内化和逻辑思维能力的强化

板书设计

日　食

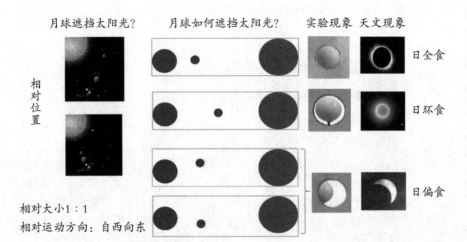

相对大小1∶1

相对运动方向：自西向东

"认识几种常见的岩石"教学设计

中国人民大学附属中学实验小学　　杨晓娟

一、指导思想和理论依据

本课以杜威的"从做中学"教育理论为指导思想，"从做中学"主张从经验中积累知识、从实际操作中学习，要求学生运用自己的手、脑、耳、口等感觉器官亲自接触具体的事物，通过思考从感性认识上升到理性认识，最后亲自解决问题。

维果斯基的"最近发展区"理论认为教学应着眼于学生的"最近发展区"，为学生提供有一定难度的内容，调动学生的积极性，发挥其潜能，超越其"最近发展区"而达到下一发展阶段的水平，然后在此基础上进行下一个发展区的发展。

二、教学背景分析

（一）教材分析

本课选自教科版四年级下册"岩石和矿物"单元，"岩石"的相关知识，隶属于课标中地球科学领域地球概貌与地球物质中地球物质标准的内容。水、空气、岩石是地球上的重要物质，学生在三年级时已经认识了水和空气的特性，而四年级下册"岩石和矿物"单元将带领学生进入岩石的世界。通过这一单元的学习为五年级下册进一步探究岩石的成因即"岩石会改变模样吗"一课以及为六年级下册"环境和我们"单元的学习埋下伏笔。

"岩石和矿物"单元共有7课，分为三个部分，岩石、矿物、岩石矿物和人类的关系。指导学生观察岩石特性的活动共分三课，总体上说是在学生原有的认识事物经验的基础上，循序渐进、步步深入。第一课，观察岩石外表的一般特性；第二课，指导学生从结构和构造方面观察岩石；第三课，认识岩石的组成。

（二）学情分析

为了让教学更有针对性，在教授本课前对我校四年级（1）班34名学生进行了前测。从4道题分别了解了学生对岩石种类的认识、观察岩石的角度和方法、岩石的应用、岩石的成因的理解。第一题，你知道哪些岩石？仅有17.6%的学生能说出一种以上常见的岩石，能说出花岗岩、火山岩的学生居多。第二题，假如教师给你一块岩石你怎样来观察它？50%的学生回答形状、颜色、大小，有32%的学生提到用放大镜、显微镜去观察岩石，只有一位学生提出观察岩石构造。第三题，你知道岩石在我们生活中的应用有哪些？有50%的学生能举例说明。最后一题，各种各样的岩石是怎么形成的？多数学生回答不知道。

通过前测以及与学生谈话的方式，获得学生对于本课知识掌握的原始水平，反映在三个维度上分别为科学概念方面：多数能说出花岗岩，但对其特征描述不清；对岩石的构造和结构特征知之甚少。思维能力方面：初步了解从颜色、形状、大小方面去观察岩石；能够联想到应用放大镜观察岩石；缺乏从构造和结构特征方面思考对岩石进行观察的能力。情感态度价值观方面：具有对岩石进一步了解的兴趣；细致地观察、比较、记录和描述岩石特征的意识不强。

（三）学科主题

学科主题内容

三、教学目标

（一）科学概念

初步认识页岩、花岗岩、大理岩、石灰岩等常见岩石的关键特征，理解不同种类的岩石在结构和构造上有不同的特征。

（二）过程与方法

（1）观察、比较、描述、记录几种常见的岩石。

（2）根据岩石的特征，对照岩石资料对它们进行识别。

（三）情感态度价值观

（1）认识到各种观察、比较的方法对研究岩石的重要性。

（2）通过组间的交流与评价，学习合作、质疑、围绕关键问题思考的意识。

四、教学重难点

（一）重点

观察、描述、记录、表达4种岩石的显著特征。

（二）难点

归纳出岩石关键特征，并据此识别岩石。

五、教学准备

教师演示材料：课件、岩石资料、岩石标本盒、镊子、放大镜、刻刀、稀盐酸、滴瓶、垫布、玻璃皿、水槽

小组实验材料：岩石资料、岩石标本盒、镊子、放大镜、刻刀、稀盐酸、滴瓶、垫布、玻璃皿、水槽

六、教学方式与教学手段

为了达成教学目标，采用了谈话法、演示法、探究法、观察法等教学方法，用了课件、实物展示台等现代教学手段，让学生更清楚活动步骤，加深概念的习得。

技术准备：课件演示、实物投影

七、教学流程示意图

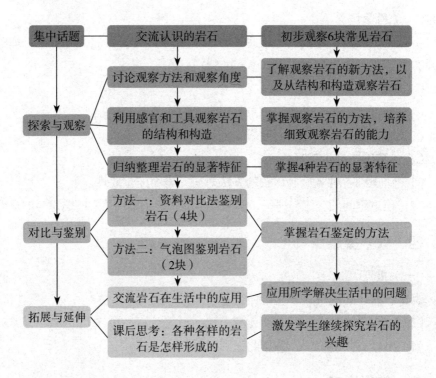

八、教学过程

认识几种常见的岩石			
教学环节	教师引导	学生活动	设计意图
一、集中话题	1. 教师提问。屏幕上显示的是杨老师上周末爬山时捡到的5块岩石，下面请一位同学描述其中一块岩石，其他同学猜一猜他描述的是哪块岩石。 2. 教师提问。我们在描述岩石的时候应该注意什么？抓住什么？（岩石学家也和你们一样先抓住岩石的明显特征，然后再对照岩石资料卡找出岩石的名称）	1. 一位同学描述一块岩石特点，其他同学观察并猜测岩石编号。 2. 学生回答。预设：岩石的主要特征；岩石不同的特征。	产生认知冲突，激发学生进一步了解岩石的兴趣

续 表

认识几种常见的岩石			
教学环节	教师引导	学生活动	设计意图
一、集中话题	3. 教师提问。怎样才能抓住一块岩石的明显特征呢？（研究岩石各方面的特征，然后进行比较，找出这块岩石最明显的特征）	3. 学生回答。看颜色；触摸表面是否光滑	
二、观察与归纳	1. 提出任务。接下来请同学们阅读探究指南，思考我们可以通过哪些方法观察岩石并发现岩石的哪些特征。 2. 请一位同学介绍一下我们可以通过哪些方法观察岩石。 3. 演示并讲解滴稀盐酸法。 4. 组织学生阅读温馨提示，强调注意事项。 5. 分组观察4块岩石，讨论并完成"岩石观察特征记录表"。 6. 以猜猜看游戏的方式引导学生汇报岩石显著特征。 7. 组织学生集体整理归纳每种岩石的显著特征	1. 阅读探究指南。 2. 看、摸；刻、滴酸。 3. 对不懂的内容进行提问。 4. 观察聆听。 5. 阅读温馨提示，熟悉观察及实验规则。 6. 观察、讨论、记录。 7. 学生汇报观察结果，猜测岩石编号。 8. 整理归纳每种岩石显著特征	让学生主动参与到问题探究中来，为后面的观察活动打下坚实的基础，进而提高岩石观察活动的效率。利于学生对观察方法的掌握；更全面直观地了解岩石特征；小组合作讨论观察的方式有利于培养学生团结合作的能力。 猜猜看的游戏方式激起学生参与归纳整理活动的兴趣，认真地聆听有利于掌握所观察的4种岩石的显著特征，为后续的岩石鉴别活动埋下伏笔，也培养学生对知识进行梳理的良好习惯
三、对比与鉴别	1. 提出任务：在掌握了岩石的显著特征后，谁能想出一个方法鉴别这4种岩石？ 2. 讲解资料对比法。 3. 出示任务：谁是岩石鉴定家？ 4. 比一比哪个组的鉴别最准确。 （根据学生的汇报进行板书）	1. 思考与交流。 2. 聆听。 3. 分组讨论鉴别编号为1、2、3、4的岩石。 4. 集体交流岩石鉴别结果。	使学生亲历岩石学家对岩石进行鉴别的过程和方法，培养学生查资料和对比的科学学习方法。

续 表

认识几种常见的岩石			
教学环节	教师引导	学生活动	设计意图
三、对比与鉴别	5. 岩石学家除了用资料对比法对岩石进行鉴别，还常常抓住岩石的主要特征进行鉴别（讲解气泡图）。 6. 用气泡图法判断编号为5、6的岩石。 7. 根据学生汇报板书最后两块岩石的名称	5. 聆听。 6. 分组鉴别编号为5、6的岩石。 7. 集体汇报5、6号岩石的名称	
四、拓展延伸	1. 出示岩石应用于人类生活的几张图片，师生交流图片中显示的是什么岩石，这些生活中的应用利用了岩石的什么特点？ 2. 各种各样的岩石是怎样形成的？	1. 利用所学识别岩石并回答用到了岩石的什么特点。 2. 课后思考	1. 培养学生细心观察的习惯，并能真正地把课堂知识运用于生活中，学以致用。 2. 岩石形成原因的提出激发学生课下继续探究岩石的兴趣

九、学习效果评价

1. 交流

看看图片中是什么岩石。人们利用了这种岩石的什么特点？

水平一	不能准确辨认
水平二	能准确辨认，但不能表述岩石特点
水平三	既能准确辨认，也能准确表述岩石特点

2. 后测

如果在野外捡到一块岩石，你会从哪些方面对它进行观察和记录？

水平一	不知道怎样观察
水平二	从一般特性观察
水平三	从结构和构造观察

3. 后测

当你掌握了某种岩石的显著特征，如何对它进行鉴别？

水平一	不知道怎样鉴别
水平二	能准确表述一种方法
水平三	能准确表述两种方法

十、教学设计特色

（1）6块岩石有步骤、有针对性在不同环节出示，为学生观察和探究能力的提高提供了有效的支撑。

（2）改变教材中给出的观察记录表，化繁为简便于学生进行有序观察和记录，提高课堂效率。

（3）关注学生的已有知识和经验，展示学生的思维过程，把隐性思维变成显性思维。

"在星空中（一）"教学设计

中国人民大学附属中学实验小学　杨晓娟

一、指导思想与理论依据

（一）建构主义

学习是一个学习者主动建构的过程，即学习者通过新、旧经验相互作用来形成、丰富和调整自己的经验结构的过程。

（二）科学方法论

强调建立模型是科学研究的一种方法，当研究对象过于庞大、过于微小无法分解、以现在的研究技术手段无法打开其内部时，科学家就要通过建立模型展开科学研究。

本课从学生已有北斗七星概念出发，让学生通过摆插北斗的尝试，暴露其前科学概念，然后利用Star Walk软件获取数字资料引起认知冲突，最终利用数字资料修正最初的想法校正学生头脑中的"星空模型"，在学生头脑中建立起真正的星座概念。

二、教学背景分析

（一）课标分析

本课选自教科版《科学》六年级下册"宇宙"单元，"星座"的相关知识，隶属于课标中地球与空间科学标准中天空中星体之二的内容。

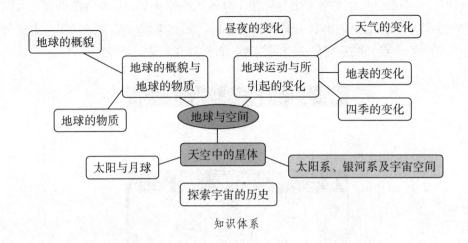

知识体系

（二）单元内容分析

教科版小学科学六年级下册第三单元"宇宙"共有8课时。本单元的内容采用由近及远、由静到动、由实到虚的逻辑结构。本课是小学科学六年级（下）第三单元"宇宙"第6课，通过本单元前面5课的学习，学生了解了月球、月相变化、日食和月食、太阳系。从本课开始，学生将展开对星座的认识，本课主要开展前面两个环节的学习：了解星座、建一个"星座"模型。"北斗七星"模型的建立，是本课教学的主要部分，通过"模型"的建立，帮助学生建立起星座的正确概念——远近不同的恒星在视觉上形成的一个构图。同时，又要避免把"建模"过程简单地演绎成学生的手工操作过程。在活动中，学生的思维参与是教学中需要动脑筋解决的一个难题，学生对"立体"星座概念的建立，需要一定的认知迁移过程，有一定的难度，在具体的教学中，需要给学生的空间想象提供一定的"支架"，帮助学生完成星座概念的建立。

三、学生情况

浩瀚的星空对学生来说是神秘的，学生对学习星空知识充满了期待，现代化的生活条件和自然环境，却使学生越来越远离满天的繁星，学生缺乏学习本课的生活经验，天文知识和空间想象能力也存在着比较大的差距。笔者对被测年级的160名学生进行了学情前测。

通过问题1，侦测学生对北斗七星二维构图的原认知，从调查数据发现大部分学生对于北斗七星的形状有着清晰的认识，因此本课的教学将以北斗七星勺子形状为切入点，展开对星星空间位置分布的探究和建模活动。

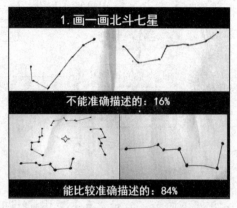

学情前测问题1

问题2的设计目的在于侦测学生对星座概念的了解，从答卷情况发现学生能说出的星座数量不少，但大部分都是生辰星座，对于本课要学习的星座概念基本没有准确的描述，因此本课将通过连续的有逻辑性的问题设计以及不同层次的探究活动帮助学生建立清晰准确的星座概念。

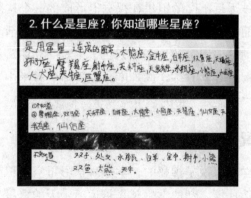

学情前测问题2

通过学生访谈还发现学生对北斗七星在星空中的排列一般只是停留在平面上，要一下子让学生凭空"建模"，建立起立体的概念是有难度的，学生对为什么这样"建模"没有清晰的理解。为什么这颗星要放得远一些？为什么这颗星要放得高一些？道理在哪里？学生是一知半解的。

四、教学方式与教学手段

（1）找准学生知识起点，合理设置教学难度。学生对星空、星座的了解是十分有限的，对组成星座的各个星球之间的关系的了解更少，学生一般也不会去关注和思考星座中各个星球之间的立体关系。因此在实际教学过程中应降低教学难度，以一个星座中各个星球和地球之间的距离为切入口，让学生从自己逐步走向模型，从平面逐步走向立体，从地球逐步走向星空，从而建立起星座的正确概念。

（2）给学生的空间想象提供支架，帮助学生建立正确的概念。本课的教学，对学生的空间想象能力提出了很大的挑战，对空间的想象和理解，学生是有较大困难的。这就需要教师借助具体的信息技术、实物材料、图片、多媒体课件、动画等手段，在学生出现理解上的困难时，及时提供支架，帮助学生逐步完成概念的建构。

（3）技术准备。学生分组材料：画有同心圆弧并标注刻度值的KT板、可伸缩天线、超轻黏土小球Star Walk软件、学生记录单。

教师演示材料：PPT、地球仪、Star Walk软件

五、教学目标

（一）科学概念
知道星座是远近不同、没有联系的恒星在天空中的视觉图像。

（二）科学实践
学习利用iPad中的Star Walk星图软件查找数据资料；尝试建构星座模型，从不同角度展开观察活动。

（三）科学态度
基于实证愿意放弃自己原有的认知。

六、教学重难点

（一）教学重点
正确理解星座的含义。

（二）教学难点
尝试建构北斗七星三维模型。

七、问题框架

（1）这里有一张星空图片，谁能用最短的时间帮助老师找到北斗七星在哪？你是怎么判断的？

（2）如果把北斗七星和它相邻的恒星进行连线，看看现在像什么。

（3）由于这些恒星连在一起的视觉图像像一只大熊，所以人们命名为大熊星座。你们知道什么是星座吗？（核心问题）

（4）你们认为这就是北斗七星真实的样子吗？七颗星星究竟是在同一平面还是远近不同呢？

（5）同学们认为哪些资料对我们是有用的？

（6）通过查找资料，你们发现了什么？说明什么问题？

（7）翻转泡沫板至有刻度值的一面，想一想刻度值代表了什么，地球的位置在哪里。

（8）对比之前插摆的北斗七星你有什么发现？换个角度看一看还是勺子形状吗？

八、教学过程

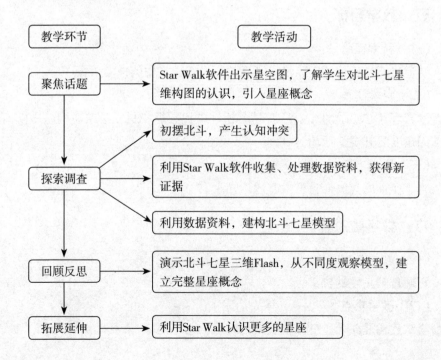

教学环节	教学活动		设计意图
	教师活动	学生活动	
一、聚焦话题	1. iPad出示星空图，谈话：今天老师将要和同学们一起漫步星空（板书：在星空中（一））谁能用最短的时间先找到北斗七星在哪里？你是怎么判断的？ 2. iPad出示连线星图，谈话：如果把北斗七星和它相邻的恒星进行连线（边讲解，边操作），看看现在像什么？（恒星概念为已知） 3. iPad出示大熊星座图，提问：由于这些恒星连在一起的视觉图像像一只大熊，所以人们命名为大熊星座。你们知道什么是星座吗？（核心问题）根据学生回答总结：星座就是我们人为划分的视觉图像。（板书：星座视觉图像）	1. 观察星空图片，回答问题。（预设：从勺子形状并且有七颗星星可以判断是北斗七星） 2. 观察连线星图，回答问题。（预设：像动物/像大熊/不知道）注：这里学生如果看不出大熊的形状也不必刻意纠正，继续出示更加形象的大熊星座图学生即可发现大熊的形状。 3. 回答问题。（预设：星星连起来的图案）注：本环节学生在教师的引导下初次利用Star Walk星图软件观察星空，既唤醒了对北斗七星的记忆，也为后续软件的使用打下基础。	利用Star WaLk软件将学生引入星空中，以学生进入学习情境前的知识为起点进行教学，帮助学生将已有知识与当前的学习任务联系起来。
二、探索调查（一）初摆北斗，产生认知冲突	1. 布置任务：在较短的时间插摆出一个星座很难，但我们可以试试将大熊星座最显著的特征北斗七星插摆出来。以七个小球代表七颗星星、用天线将星星固定在泡沫板上，同学们试着把你想象的北斗七星呈现出来。（对于学生插摆的过程只做材料使用的指导，对于摆插方法不进行干扰） 2. 组织集体交流：你们认为这就是北斗七星真实的样子吗？七颗星星真的像同学们摆插的那样在同一平面？	1. 分组活动。尝试借助材料呈现对北斗七星的原有认识。 2. 交流思考。（学生能够摆插出"勺子"形状但都不约而同地将七颗星星摆插在了同一平面上） 	通过摆插北斗的尝试活动暴露学生原有认知，对比观察Star Walk软件上北斗七星的星图后产生认知冲突。

续 表

教学环节	教学活动		设计意图
	教师活动	学生活动	
(二)利用Star Walk 星空软件收集、处理数据资料，获得新证据	1.教师讲解并演示：在Star Walk软件中，点击每颗星星，会出现相关资料。同学们认为哪些资料对我们是有用的？ 2.布置任务：请同学们分组收集数据资料并记录。 3.组织集体交流：通过查找资料，你们发现了什么？说明什么问题？	1.回答问题：（预设：方位角、高度、到地球的平均距离） 2.分组收集资料。（收集7颗星星的方位角、高度、到地球的平均距离并记录） 3.回答问题。（预设：7颗星星的方位角、高度、到地球的距离都不相同，说明七颗星星不在同一平面，远近不同）	通过资料的查找引起学生认知上的冲突，7颗星星并不在同一平面，因为它们的方位角、高度、到地球的距离都不同。让学生感知到刚才所摆插的"北斗七星"显然是错误的。
(三)利用数据资料，建构北斗七星模型	1.谈话：看来我们之前的想法是不准确的，现在请同学们翻转泡沫板至有刻度值的一面，想一想刻度值代表了什么？地球的位置在哪里？利用查找的数据资料，修正我们最初的想法。 2.教师巡视指导。 3.组织交流。对比之前插摆的北斗七星你有什么发现？换个角度看一看你发现了什么？（根据学生回答板书：远近不同）	1.重新建构北斗七星模型，实现二维思维向三维立体思维的转换。（预设：刻度值代表了星星到地球的距离；地球的位置应该在看得见勺子形状的位置/七颗星星正前方/圆心的位置） 2.分组活动。 3.小组汇报展示。（七颗星星远近不同；从不同位置观察，北斗七星的形状不同） 	利用北斗七星二维图形以及查找的数据资料，根据教师提供的建模材料进行建模活动，通过这个过程既是学生头脑中对遥远天体系统进行建模思维的整理，同时开放性的建模过程是对学生探究能力的提升和团队合作能力的培养。

续　表

教学环节	教学活动		设计意图
	教师活动	学生活动	
三、回顾反思	1. 教师提问。北斗七星就是以这样的位置关系分布在宇宙空间中（演示北斗七星三维Flash），我们从地球上可以看到"勺子"的形状，如果我们站在太阳系以外的其他星球进行观察，还能看到"勺子"形状吗？为什么？ 2. 谈话：看来这七颗星星之间是没有直接联系的，通过以上的活动和研究，你们对星座有什么新的认识呢？	1. 学生结合建模活动思考并回答。 （预设：不能，因为观察角度不同，看到的形状不同） 2. 回顾并总结所学，建立星座概念。（星座是远近不同的，没有联系的恒星组成的视觉图像）	通过对建模过程的回顾与反思，形成星座的科学概念，为今后认识更多的星座打下基础。
四、拓展延伸	1. 教师讲解。全天共划分为88个星座，除了大熊和小熊星座，同学们最熟悉的莫过于黄道十二宫，也就是你们常说的十二星座（出示黄道十二宫图片）。它们也是人为划分并且命名的，和我们在座的每个人有直接的关系吗？ 2. 布置任务。还有更多的星座，同学们都可以利用Star Walk2软件认识。 3. 提出问题。如果有一天我们的宇宙飞船真的可以以光速行驶，我们是否可以到达北斗七星？	1. 回答问题。（没有直接关系，是人为划分的） 2. 分组利用Star Walk软件寻找更多的星座	通过Star Walk软件更加直观地认识更多星座，了解星座的形状特征，激发课外继续研究星座的兴趣。关于光速问题的提出，使学生对于星座的了解从距离进一步延伸

板书设计

在星空中（一）

远近不同
视觉图像 } 星座

九、学习效果评价

（一）评价方式

（1）以学生对本节课核心概念的掌握情况进行评价。这一评价主要通过对学生建模和分组汇报过程的完成情况进行考查。

（2）针对学生利用Star Walk软件查找数据及分析数据的能力评价。这一考查主要体现在课堂中查找数据、分析数据的阶段。

（3）在学生合作学习的过程中，重点关注学生的自主参与程度和合作交流意识，及时发现问题并给予鼓励、强化和指导。

（二）评价量规

科学概念评价量规：

水平等级	科学概念掌握情况
水平一	了解北斗七星中的七颗星星不在同一平面； 知道星座是远近、没有联系的恒星在天空中的视觉图像
水平二	知道北斗七星中的七颗星星不在同一平面； 说出星座是远近不同、没有联系的恒星在天空中的视觉图像，如果从不同角度观察，图形不同
水平三	知道北斗七星中的七颗星星不在同一平面； 说明星座是远近不同、没有联系的恒星在天空中的视觉图像，如果从不同角度观察，图形不同； 指认大熊星座的主要标志是北斗七星

科学能力评价量规：

水平等级	科学能力表现
水平一	能够在教师指导和同学帮助下利用Star Walk软件搜集星座资料
水平二	能够独立利用Star Walk软件搜集星座资料

续　表

水平等级	科学能力表现
水平三	能够独立利用Star Walk软件搜集星座资料并提取有效数据

情感态度评价量规：

水平等级	科学能力表现
水平一	不能积极参与科学制作活动； 不能与同学友好地合作
水平二	能积极参与科学制作活动； 不能与同学友好地合作； 比较喜欢尝试新的经验； 比较乐于探究星座的奥秘
水平三	能积极参与科学制作活动； 能与同学友好地合作； 能积极提出不同的见解； 非常乐于探究星座的奥秘

十、教学特色

（一）教学环节的重新设计

从学生已有的对北斗七星的认知出发，让学生认北斗、摆模型，引出其前科学概念，然后再引入天文资料引起认知冲突，校正学生头脑中的"星空模型"，在学生头脑中建立起真正的星座概念。课堂摆脱了就模型建模型的教学模式，实现了模型向空间的转移，实现了由实物模型向学生头脑中的模型转换。

（二）学具的改进

（1）地面观测者眼前的宇宙是一个以观测者为球心、布满天体的半球形天空（引自：高二地理天球和人眼中的天象）。用画有同心圆弧的并标注不同刻度值（单位：光年）KT板代替教材中打好孔的纸板。

（2）按照教材的设计，吊橡皮泥的线摇来晃去的，没法固定橡皮泥小球的位置，而且线与线之间常常缠绕在一起。用可伸缩天线代替教材中的线绳，避免了上述问题的出现，同时给学生更多可探究的空间也增强了视觉上的效果。

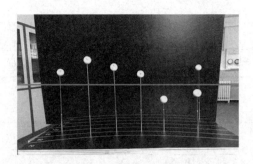

学具改进

（三）Star Walk软件的应用

以往的教学，基于天气的因素、安全的考虑、教学进度的编排等，学生看"星座"都是在教室里完成的，学生的空间感，推理能力，甚至想象能力被几幅图片禁锢。学习是被动的，探索和发现也无从谈起。运用Star Walk（星际漫步）软件辅助教学，把学生的观测真正带到了星空中。

序号	名称	到地球的距离	方位角	高度
01	天枢	124光年	−35° 24'	+35° 02'
02	天璇	79光年	−41° 12'	+32° 36'
03	天玑	84光年	−47° 30'	+38° 27'
04	天权	81光年	−44° 14'	+42° 10'
05	玉衡	81光年	−46° 47'	+47° 09'
06	开阳	78光年	−48° 42'	+51° 13'
07	摇光	101光年	−58° 13'	+54° 29'

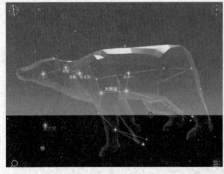
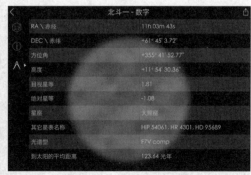

Star Walk软件应用于教学中

"雨水对土地的侵蚀"教学设计

中国人民大学附属中学实验小学　杨晓娟

一、指导思想与理论依据

从研究领域来看，本课隶属于地球科学，总的认识逻辑是模型说明，采用的主要方法是类比法。据此，笔者将本课的结构框架梳理为确定研究问题即原型—建构模型—模型解释—原型解释，整体采用类比推理的思维方法。

"均变论"是由地质学家莱伊尔提出的，是地质学的主要研究思想。他指出：今天发生的过程在过去也同样发生，强调"现在是认识过去的钥匙"。本课最后力图将局部、短时间内的侵蚀现象扩展到整个地球的历史演变过程看待，渗透均变论思想。

二、教学背景分析

（一）教学内容

1. 课标分析

本课选自教科版《科学》五年级上册"地球表面及其变化"单元，土壤的相关知识，隶属于课标中地球与宇宙标准的内容。

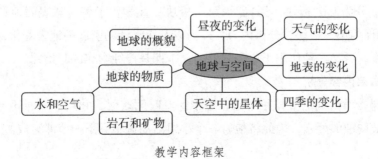

教学内容框架

学习内容	学习目标		
	一至二年级（低）	三至四年级（中）	五至六年级（高）
14.2地球表面有由各种水体组成的水圈		3/4的分布情况举例说出地球陆地表面有河流、湖泊等水体类型。举例说明地球上能被人类利用的淡水资源非常有限	气之间处于不间断的循环之中。举例说明水在地球上的循环产生了云、雾、雨、雪等天气现象，影响着天气变化。举例说明水在地表流动的过程中，塑造着地表形态

2. 单元内容分析

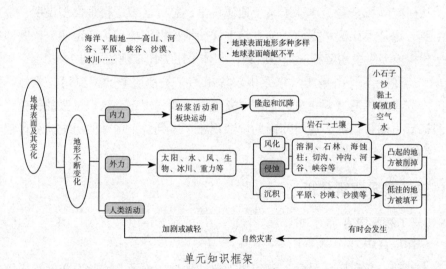

单元知识框架

本课属于教科版教材五年级上册第三单元的内容，本单元知识脉络清晰，从内容上分为两大板块，第1课为第一板块，让学生了解地球表面地形多种多样，2~8课为第二板块，分析内力、外力以及人类活动引起的地表变化，侵蚀是继风化作用后又一种作用于地表的外力，本课是侵蚀内容的起始课。

3. 本课内容分析

本课教学活动的安排很丰富，鉴于课堂时间有限，并且下一课还要继续研究土地被侵蚀的因素，因此将最后一个小组活动调整到下一节课完成。

（二）学生情况综述

依据教材内容，笔者对任教年级240名学生进行学情前测。

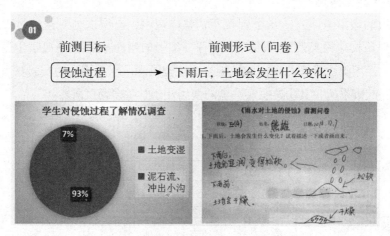

侵蚀过程学情前测情况

关于侵蚀过程的前测，大部分学生描述下雨后土地的变化是变湿润，仅有少数学生说出泥石流、冲出小沟这样的回答，反映出由于时间和空间的限制，学生对降雨后土地的变化仅限于变湿的马路和水泥地，缺乏雨水改变岩石及其风化产物这一过程的观察。

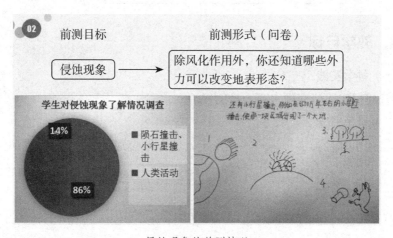

侵蚀现象的前测情况

关于侵蚀现象的前测，除风化作用外你还知道哪些外力可以改变地表形态时，大部分学生关注的都是陨石、小行星撞击等离我们生活较远的作用力，相反离我们生活最近的侵蚀现象却被学生忽视了。由此可见，学生缺乏侵蚀现象的直接经验，缺乏对侵蚀现象本质的理解。

（三）教学策略

采取的教学策略：①从个别观察到整体观察，有层次地对侵蚀过程进行研究。②经历构建模型和解释模型的过程，缩短时空距离。③重视学生逻辑思维的发展，运用类比推理和求同归纳的方法建构概念。④结构性的实验材料为学生认知搭建起脚手架，其中透明实验盒的使用便于学生多角度观察。

三、教学流程图

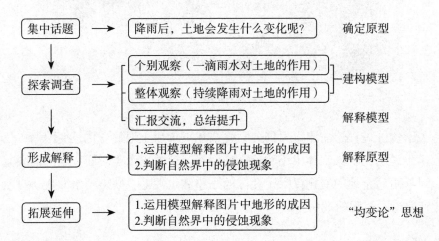

四、教学目标

（一）科学实践

设计模拟实验研究雨水对土地的侵蚀。

（二）科学概念

说出雨水和径流会把地表土壤带走，使土地受到侵蚀。举例说明侵蚀使地表的形态发生改变，这种变化过程是缓慢的。

（三）科学态度

意识到侵蚀的过程以前发生过，将来会继续发生。

五、教学重难点

（一）教学重点

说出雨水和径流会把地表的土壤带走，使土地受到侵蚀。

（二）教学难点

举例说明侵蚀使地表的形态发生改变，这种变化过程是缓慢的。

六、教学过程与教学资源

（一）集中话题——确定原型

师生对话。前不久，杨老师在做地质考察的时候，沿途拍到一些特殊的地形，这是其中的一张（出示图片），你们认为它可能是怎样形成的？（生：是水冲的。）可是我在附近并没有发现河流呀？（生：雨水。）降雨后，土地会发生什么变化呢？（生：冲出沟来、泥石流、山体滑坡、土壤被冲走。）到底是不是像我们所说的那样呢？这节课我们就一起来研究雨水对土地的作用。

板书：雨水土地

【设计意图】结合原有的生活经验，对"土地在雨水的作用下会发生哪些变化"这个问题进行推理。

（二）探索调查——建构模型→解释模型

1.探究：一滴雨水对土地的作用（个别观察）

（1）教师提出任务。雨水对土地的作用是从一个小雨点降落到地面开始的，让我们先聚焦一个小雨点，看看它可能会对土地产生什么影响。

（2）学生活动：在培养皿中铺上很薄的细土，放在白纸上；用吸管在一定高度滴一滴水在土壤表面。重复4次，观察现象。

（3）师生交流。

实验现象

小结：一滴雨水会对一小块土地产生影响，原来平整的土壤被打散，颗粒被溅起。

【设计意图】雨水对土地的侵蚀过程是从一个小雨点降落到地面开始的，因此从微观入手，从侵蚀过程的起点开始，既便于学生观察，又利于完整侵蚀概念的建构。

2. 探究：持续降雨对土地的作用（整体观察）

（1）师生交流。如果降雨量增大，土地面积进一步扩大，可能会有什么现象发生？（更多的土壤被打散、溅起）还有什么新的现象发生？真的像我们描述的那样吗？我们要研究这个问题，需要持续降雨，更大面积的土地，你们说说怎么实现？

（2）讨论实验方案。（生1：用装满水的饮料瓶模拟持续降雨、在第一个透明实验盒用土壤模拟一种地形并在一个角打孔让雨水流下去、用另一个透明实验盒接流下来的水；生2：每个小组均组建不同的地形来研究）

（3）小组活动。模拟实验（每个小组按照自己的研究需求建不同地形进行模拟实验）、iPad拍照对比降雨前后雨水、土地的变化并填写记录单。

（4）汇报交流。

预设1：下雨前土地很干燥、很平整；下雨后土地变得很湿润，很多土壤被冲走，石子露出，变得坑坑洼洼。雨水之前很清澈，降雨后浑浊。教师追问：雨水为什么变浑浊了？沿着地表流动的雨水叫径流。

预设2：悬崖倒塌了。

预设3：斜坡出现断裂。

预设4：平地出现大坑。

（5）小结形成对模型的解释。虽然各组所建的地形各不相同，但却有类似的现象，在不同的地形中都出现土壤被打散、颗粒溅起，形成径流带走一部分土壤，我们把这个过程叫作侵蚀。（求同归纳）

（三）形成解释

（1）教师提问。（出示课堂一开始的图片）回到真实的地形中，你们能试着解释一下图片中的地形是怎样形成的吗？（雨滴径流、小沟交汇、小沟变宽）

（2）播放泥石流视频，它是怎么形成的？与之前的实验对比，你们有什么想法？（侵蚀程度有不同，侵蚀速度有快慢）

（3）小组讨论：侵蚀的程度可能与什么因素有关？

（4）师生交流。

（四）拓展延伸（均变论思想）

今天我们小范围内认识了侵蚀的现象，当我们把视野放大到整个地球表面，你猜想一下雨水可能对地表产生什么样的影响？（联想）

我们今天所看到的侵蚀的过程在过去有没有发生过？那么以后这种过程还

将延续吗？（均变论：今天发生的过程在过去也同样发生）

板书设计

雨水对土地的侵蚀

雨　　点　　　打散、溅起

持续降雨　　　径流

七、学习效果评价

水平等级	科学概念评价
水平一	描述雨水对土地的侵蚀现象
水平二	举例说明侵蚀使地表形态发生改变
水平三	说明侵蚀改变地表状态的过程是缓慢的

水平等级	科学实践评价
水平一	参与实验研究侵蚀的发生过程
水平二	设计模拟实验研究雨水对土地的侵蚀
水平三	运用多种方式记录实验现象、分析现象，得出结论

水平等级	科学态度评价
水平一	关注自然界的侵蚀现象
水平二	意识到地表形态在不断变化
水平三	意识到今天发生的过程在过去也同样发生

八、教学设计特色说明与教学反思

（1）纵观本课的教学过程，通过让学生经历从构建模型到形成对原型解释的过程，将学生对侵蚀现象的观察角度从微观上升到宏观。

（2）类比推理的思维方法贯穿课堂始终，自然流畅地将探究的要素用"逻辑"串联起来，达成对侵蚀概念的实证性研究。

（3）渗透均变论的地学思想，建立小学科学概念与地学思想的联系，让学生真正做到能像科学家那样去思考。

"雨水对土地的侵蚀"实验记录单

第＿＿＿组　记录人＿＿＿＿＿＿　日期＿＿＿＿＿＿

	雨水	土地
降雨前		
降雨后		

"风的研究"教学设计

北京市海淀区育鹰小学　蒋振东

一、指导思想与理论依据

小学科学课程是以培养学生科学素养为宗旨的科学启蒙课程，不论是新课标还是美国下一代科学教育标准中都反复强调科学教育中的3个维度，即实践（practices）、跨领域概念（cross-cutting concepts）和学科核心概念。

笔者想作为科学实践活动课不仅是为学科知识的应用提供了一个实践的平台，实践更应该提升学生科学素养，促进学生对本学科核心概念的理解与概念之间联系的认知。

这也体现了兰本达"让儿童形成的概念不能是零碎孤立的，要让概念互相联系起来，从而形成更抽象的跨越学科界限的整体概念，直到认识整个世界"的理念。

美国下一代科学教育标准中实践的定义是：描述了科学家在研究和建构有关自然世界的模型及理论时的行为，以及工程师在使用设计搭建模型和系统时一系列关键的工程实践。实践方面的内容包括：

（1）提出问题和明确需解决的难题。

（2）建立和使用模型。

（3）设计和实施调查研究。

（4）分析和解释数据。

（5）利用数学和计算思维。

（6）建构解释和设计解决方案。

（7）基于证据的论证。

（8）获取、评估和交流信息。

依据实践的定义笔者设计了"风的研究"实践活动。初衷就引导学生将科学课中地球与宇宙部分——风，通过实践、考察、探究，逐步与能量的表现形式、地球的地形地貌等相联系。

本课引导学生解决"风力发电站"选址这个实际问题，运用已经掌握的概念与方法，探究形成概念的联系。这依据了赫尔巴特等提出的："要以问题解决为基础来改革教学和课程的一条原则"——应该让学生就学科内容形成问题，具有对知识的好奇，想知道"事情为什么会是这样的"，然后再去探索、去寻找答案，解决自己认识上的冲突，通过这种活动来使学生建构起对知识的理解。

二、学习内容分析

本课是教科版教材的一个补充。从教科版教材体系上看，学生在四年级刚刚学习了"天气"单元，已经掌握了简单工具测量风速、风向；学生初步具备了对天气数据进行总结和分析的能力；意识到天气是如何影响我们每天的生活的。

本课设计与前一课实践活动紧密相连，两课通过实践活动引导学生通过制作、研讨、考察认识等把独立的风的天气现象观察与风具有风能、地形对风速的影响等构成系统认知，以风为载体引导学生指向更深层次的认识：能量与系统相互作用。

前一课实践活动学生初步通过制作活动认识了风能可以转换为电能，建立了浅显的直观体验。

本课学生通过对地形—风速—产生的电能进行研究、考察。实践中学生要把自己掌握的知识概念应用、同时自学新概念，去研究生活中的问题，实地测量与考察。形成比较深入的概念联系，为六年级继续学习打好基础。

本课与前面教材内容的关系见下图：

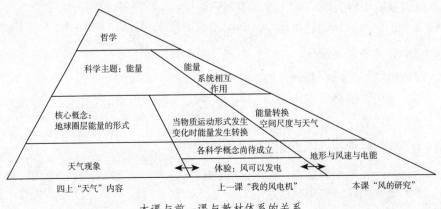

本课与前一课与教材体系的关系

三、教学方式与教学手段说明

本课以学生开展研究性学习为主要教学方式。在本课的教学中，学生会经历一个科学探究过程。

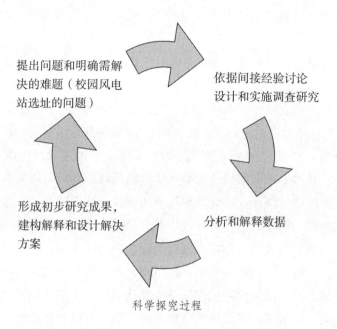

科学探究过程

四、教学准备

学生准备：阅读资料、记录单、风速仪。

教师准备：校园地图、演示文稿、前期参考了北京的风向玫瑰图估算了北京常见风向。

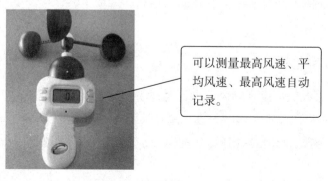

可以测量最高风速、平均风速、最高风速自动记录。

风速仪

五、学生情况分析

学生前概念情况：本课主要引导学生建立风速、地表地形、风能间的联系。在前测中笔者主要考查了学生对概念的认知与概念间联系的认识。

前测形式：前测随机抽取了10名同学，其中男生、女生各5名，采用单独问卷。

前测的内容：首先测试了学生对风的认识，然后用二段法测试了学生对风速与地形之间关系的前概念。

测试的学生10人中能够选址的学生有9人，其中6人可以依据简单地形与风速因素考虑选址（遮挡的影响），1人考虑的工程的其他因素。

前测分析：通过前测发现学生已经初步认识了描述风的方法，掌握了测量风的方法。通过前一课的铺垫大部分学生已经意识到风可以发电，但是对于风的其他方面风电与风速、地形地貌与风还都没有建立联系，学生在回忆与风有关的前概念时，都是回忆到的与风相关的领域，还局限于书本刚刚学习过的测量风速、风向。当教师引导提及风与地形相关的问题时，一部分学生有一定的生活经验，知道如果风遇到墙等会被阻碍，对校园建筑物对风的遮挡情况分析没有思考过，对于风与地貌也仅仅是浅显认识，对于具体问题缺少思考的方法，缺少把风向、风速、建筑物结合思考的体验。同时也有少部分学生从其他角度思考这个综合性问题，比如美观、安全、供电效率等，学生有一定转换角度综合思考问题的基础。

针对前测反馈的问题，本课笔者在引入上继续以风力发电进行问题的创设，继续巩固风与电的直观认识，因为学生对风速与地形的认识比较浅显，所以教师提供自学资料为学生搭建"脚手架"。在学生考察前给学生充分的时间思考地形与风能，同时交流中教师提供直观的交流工具——图纸与箭头，引导学生思考与交流方法。

六、教学目标

（1）知道人们可以利用风发电，风速不同则转化的电能不同；知道诸如地形、高度等会对风速产生影响，尝试感知校园内不同位置的风速情况。

（2）能够根据自己提出的假设实地测量风速，收集数据寻找风速较快的区域。

（3）在探究活动中积极参与、认真观察、客观记录，根据收集的数据参与小组讨论，进行合理解释。

七、教学重难点

通过阅读、分析、实证尝试探究校园不同位置风速有何不同。
小组设计、实施对比不同区域风速的探究活动。

八、教学流程

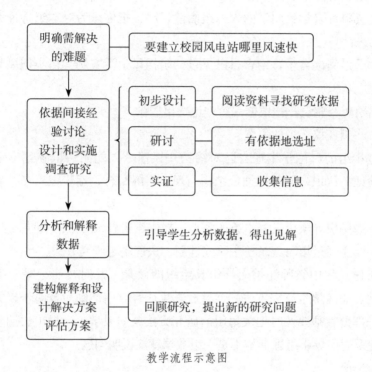

教学流程示意图

九、教学过程

（一）创设问题情境——明确需解决的难题

1. 引出话题、激发兴趣

教师播放视频——西班牙风力发电，引导学生体会风能的用途与优点，从而激发学生对风力发电的兴趣。

2. 提出真实问题

教师提示：风速越快，发电量就越大。展示校园地图，提出选址问题：你想把风力发电机安装在哪里呢？

学生独立思考，发表见解。

【设计意图】第一部分首先引导学生初步了解本节课与已经掌握风的认识的关系，通过创设真实的问题情境引导学生通过解决问题思考、探究，这个真实问题的选择类似"项目教学"中的一个项目，问题有一定难度，学生无法独立完成。学生尝试独立思考，带着自己的思考进入小组合作学习。

（二）合作实践——初步论证、设计和实施调查研究

1. 学生小组合作学习

阅读资料，自学：同学两人一组阅读资料，把你认为对本组选址有帮助的内容选出来。

学生通过阅读自学，结合自己见过的阻挡风生活实例，初步把风与某种外形结构建立认识。

提出猜想与假设——根据现有理论提出假设：

（1）小组商议选址的位置。

通过小组的讨论学生把自己对结构—风速—风能的认识阐述出来，形成一个待验证的认识。同时把抽象结构与现实实际结合，逐步把思考拓展到现实应用。

（2）教师引导学生发表本组的观点，提供逻辑思维方法的引导。

（3）学生通过填写记录单中研究计划，快速制定研究方法。

在研讨过程中教师注重引导组长组织的效果，及时按照记录单提示分布开展活动。关注学生研究方法的设计，学生研究方向清晰后及时予以方法的建议。这一部分教师要及时把关每组的研究方法，如果学生只提出去测量某区域的数据应及时引导小组思考是不是一组数据就能说明问题。

教学情况：

（1）有的小组很快确定了依据，然后犹豫不敢在图上标出，教师巡视中发现这个问题，原来他们不确信能不能去楼顶，教师巡视一圈悄悄告诉选测量楼顶的小组楼顶可以打开，但是要商量好怎么保证安全。

（2）有个小组觉得楼顶与通道都可能，他们想测三个位置，一个作为对比两个作为备选，一名学生问老师可不可以测三个位置，在倾听后我觉得他们想法很赞。

（3）有个小组不知道收集哪里的数据，教师问："你们要测量哪里？"学生回答楼顶。仅仅测楼顶能说明楼顶风速高吗？学生发现不能，教师追问："对比位置选哪儿？"

（4）分工部分学生有一定小组合作的经验没有再浪费时间，一般工作延续从前的，为了保证整个活动的效率特别增加了效率监督，小组完成一项监督负责提醒还可以做哪些活动。

（5）学生经过一段时间培养组间交流一般规范，由组长组织召集话题，组员发表意见，一个人在另一个人基础上表示赞同与否表示出观点差别，最终进行取舍。为了避免有个别组讨论进度比较慢，教师要求组长先明确我们要讨论什么问题。

【设计意图】学生通过自学，逐步建立风与地形的新认识。箭头、图纸的使用帮助表达能力较弱、抽象思维较弱的同学有一个直观思维的台阶方便他们去表达，同时在同学的演示与讲述中也能帮助他们理解。这类难度较高的实践活动更加需要进行合作学习，学生在独立思考的基础上开展合作。小组合作学习中，共同学习、提出自己不清楚的、交流自己理解问题的，共同形成新的认识，再利用对资料的理解综合分析问题，提出问题的解决思路。

2. 交流新的认识

（1）学生阐述本组自学后新的认识——新的选址方案与依据，教师引导解决以下问题：提炼出学生自学后掌握的科学依据、引导学生明晰自己的依据、尝试分析自己没有关注到的其他组的选址依据、提升学生探寻究竟的欲望。

学生阐述自己选址后，引导学生演示本组选址的区域对风有什么影响，倾听的同学依据事实分析。

学生1：我选址选在操场中间。

教师追问：理由是什么？

学生1：因为这样周围比较空旷没有遮挡物。

学生2：我认为楼顶更好，因为操场北侧没有遮挡物，南侧还有教学楼。

教师肯定学生观察仔细。

学生3：我们认为狭窄通道风速会比较快因为狭窄通道有挤压效应。（演示）

学生4：但是有可能墙反而挡住风。

教师引导：再细致，什么风向下反而阻挡风？

这一部分教师不急于肯定，引导学生一点一点消化发言同学的观点，结合自己的认识，更加细致地依据实际展开分析，目的是引导学生系统思考，建立联系，引出分歧，以便开展实测。

（2）简单交流研究测量的选址与方法

PPT展示安全提示。

PPT展示合作提示。

学生分工延续前几节课分工

效率员——评估进度

实验员——收集数据

领队——负责本组的活动纪律，行动顺序

（3）学生开展户外数据收集活动——实施调查研究

教师关注学生安全，带领学生考察、记录。

【设计意图】学生通过对资料的学习、阐述认识、研讨等在理解与使用模型中逐步建立了概念与概念的联系，形成了更系统的认识，为开展实践活动打好了研究基础，提供了研究思路与方向。学生带着设想开展考察与数据收集，形成一个较系统的实践过程。学生在情境中提升认识、解决问题、实践检验。

（三）在教师引导下形成认识、提出新问题

1. 学生汇报发现——分析和解释数据

（1）各组将收集到的数据汇总在大校园方位图上。

（2）各组观看数据修改选址建议，为本组选址的效果评价，同时可以增加或者修改选址。

（3）教师提示汇报方式：经过实测数据显示本组选址风速情况，我们建议的地点。

2. 提出新的问题——建构解释

（1）分析观测数据形成地形对风速影响的认识，并分析实际考察地形与设想地形的差异。

学生：我们发现楼顶反而比操场还弱。

教师：看数据板，读数。你认为为什么会这样？

学生：我们发现有个大牌子挡住我们。

教师：原来我们依据避免遮挡选址，结果？

学生：还是有遮挡。

原本教师要引导学生发现实测的平均风速比较弱，风向不稳，还应该再测。同时如果持续风速慢，那么建立风电站就得不偿失了。但是在前面学生产生测量与预想有差别的基础上，这里学生有一个意外发现。

学生：老师我发现今天测得不是很准。我就发现风有时候有，而有时候没有。你看那国旗一会儿动一会儿不动。

教师：你认为，我们测量的时候可能楼顶风弱？

学生：对，下楼风就更强了。

教师：你有什么继续研究的建议？

学生：等风比较强再测。

教师抓住这个契机，提供数据，引导学生思考研究还要再深入。

（2）展示PPT——仓促选址的后果。

引导学生开展后续深入的研究。

【设计意图】本课只是实践活动的一个开头，主要目的是激发学生研究兴趣，建立风速与地形与能量的联系，更深入地研究需要继续开展，引导学生以小组为单位形成更系统的认识，学校可以以此为契机引导学生从环境、效能、科学、美等各个方面引导学生思考问题，提示学生对社会、对科技、对研究方法的认识。

十、学习效果评价

（一）评价方式

（1）教学前测，了解学生学习前的已有概念。

（2）课堂提问，师生、生生交流，展现学生思维发展。

（3）记录单评价。了解学生思维发展的过程。

（二）评价量规

（1）学生能够依据资料与生活经验提出影响风速的因素。

（2）小组依据因素能够开展实地考察与选址。

（3）能够收集数据开展研究。

十一、本教学设计与以往或其他教学设计相比的特点

本课笔者设计了一个实践活动，学生通过问题、设想、考察、再思考形成一个完整的研究过程。学生在实践中自主探究、合作学习。活动的整体设计在课堂教学与实践活动之间找到了很好的契合点，学生不但开展了丰富多彩的实践研究活动，同时活动又指向学生的科学素养的形成，有利于学生科学大概念的建立，活动设计没有脱离整体课程的体系。

（1）本课内容的设计并不是学生简单地应用已有经验开展制作与研讨活动，而是引导学生通过自学、小组合作学习在教师的引导下运用已有的知识与技术开展本学科知识之间建立联系的研究活动，为科学教材各个部分之间建立联系提供了活动支持与实践经验的积累，为后续能量的认识打好基础。实践课

很好地契合了现有教材、其他学科与校园生活。

（2）本课以学生为主题、开展了丰富有效的实践与研究，学生走出教室、走向实际问题，学生在研究方法、研究态度上有了更深的认识。

（3）本课充分利用了合作学习的优势，引导学生主动探究，合作互助，形成一个学习共同体。学生在独立思考的基础上，在小组中发表见解，习得知识，共同研究，担当角色。

5

第五章

深度学习视域下的技术工程
领域教学怎样教

"设计制作便携式干鞋器"教学设计

中国人民大学附属中学实验小学　杨晓娟

一、指导思想与理论依据

从认识论角度来看本课：本课以学生在户外运动时遇到的真实问题（唯一携带的鞋被弄湿，需要快速干鞋）引入，通过对市售干鞋器（电热干鞋器）的调研——安全性、速干性和便携性都无法满足消费者的需求，从而产生发明一个新型便携干鞋器的需求。支撑这项发明的科学原理正是学生所学习的关于加速水分蒸发的知识，以及电路连接方法的应用。在这个过程中学生的认识实现了两次倒转：第一次是利用已有生活经验解决生活问题的倒转（在户外如何快速干鞋）；第二次倒转是利用已有知识去设计制作技术实物的倒转（水分蒸发和电路连接的综合应用设计制作便携式干鞋器）。经历了两次倒转后，学生的已有经验和知识均被唤醒，真正实现了科学原理和技术发明的链接。

从方法论角度来看本课：技术的对象是客观实体，是在对客观实体认识的基础上，对各种实体的表象进行组合改造。本课由加速蒸发的方法（加热、风吹、干燥空气）之风吹法为突破口，引导学生深入讨论影响风吹法速干鞋子的影响因素（风速、蒸发面积、通风环境），基于此打开设计思路，对各种开放性材料进行改造和重组最终达成速干、便携目标。在这个过程中学生既经历了对便携式干鞋器结构的设计也经历了对技术实物加工流程的设计，形象思维方法贯穿设计过程始终。

二、教学背景分析

（一）教学内容

1. 着眼于课标

本课隶属于课标中技术与工程领域——18. 工程技术的关键是设计，工程是运用科学和技术进行设计、解决实际问题和制造产品的活动。其中，明确指出三至四年级学生所要达成的学习目标是知道工程设计的基本步骤包括明确问题、确定方案、设计制作、改进完善等。针对一个具体的任务，按照设计的基本步骤来设计一个产品或完成指定的任务。对自己或他人设计的想法、草图、模型等提出改进建议，并说明理由。

学习内容	学习目标		
	一至二年级（低）	三至四年级（中）	五至六年级（高）
18.1工程是以科学和技术为基础的系统性工作		举例说出，一项工程运用到科学技术和原理的情形，如汽车刹车系统的设计中运用到的科学与技术	了解一项工程需要由多个系统组成，如建造住宅需要考虑结构、供水、采光、供暖系统等
18.2 工程的核心是设计		知道工程设计的基本步骤包括明确问题、确定方案、设计制作、改进完善等。针对一个具体的任务，按照设计的基本步骤来设计一个产品或完成指定的任务	利用摄影、录像、文字与图案、绘图或实物，表达自己的创意与构想。将自己简单的创意转化为模型或实物。根据现实的需要设计简单器具、生产物品或完成任务
18.3工程设计需探究可利用的条件和制约因素，并不断改进和完善	利用提供的材料和工具，通过口述、图示等方式表达自己的设计与想法，并完成任务。对自己和他人的作品提出改进建议	对自己或他人设计的想法、草图、模型等提出改进建议，并说明理由。在制作过程中及完成后进行相应的测试和调整	根据设计意图，分析可利用的资源。简单评估完成一个产品或系统的可行性，预想使用效果。从经济效益、社会效益、环境效益等方面评价某个工程设计，并提出改进和完善建议

2. 着眼于教材

本课的设计源于学生生活情境中遇到的实际问题（如何在户外实现快速干鞋），需要学生综合应用蒸发（加速水分蒸发的方法：加热、风吹、干燥空气）和电路（串并联电路的特点和连接方式）的科学原理来解决。因此，笔者将本课安排在学生学习了三（下）"水和水蒸气"、四（下）"不一样的电路连接"后，于教材四（下）"电"单元最后一课教授。

3. 着眼于教学环节

本课以设计、制作便携式干鞋器这个活动为载体，让学生在已有认知和技能水平的基础上获得解决生活中的实际问题以及制作产品的经历和体验。在此过程中，学生首先要唤醒与待解决问题相匹配的主体要素，也称智能要素，包括知识、经验和技能。其次，选择必要的客体要素，也称实体要素，包括工具、机器和设备，本课主要是工具和制作材料的选择。接下来，需要经历对经验技巧和工艺流程的思维构建，即设计。最后是按照设计进行技术实物加工的过程。

综上所述，本课将重点关注通过对学生技术教育因素的培养提升学生问题的解决能力。

（二）学生情况

知识基础：通过三（下）"温度与水的变化"单元的学习，学生能够说出加快水蒸发的方法。通过四（下）"电"单元的学习，能够区别串联和并联电路是两种不同的电路连接方法。但这些知识大部分是零散的，在遇到实际问题时，学生缺乏对所学科学原理的整合，缺乏综合运用知识解决实际问题的能力。

设计基础：由于"工程与技术"领域在新课标颁布之前一直没有涉及，学生缺乏设计方面的经验：空间想象能力不足，头脑中构思的技术实物不能很好地转化为设计图，导致依图制作时图物不符；设计方面没有全局观念，只关注技术物（干鞋器）的局部结构，不能整体考虑技术物的功能，导致设计制作的技术物功能性和稳定性都不能达到理想的效果。

制作基础：本次教学中使用的材料和工具虽然大都是生活中常见的，但是学生在选择恰当的工具对材料进行加工以解决生活实际问题的经验相对不足。

（三）教学方式与教学手段

用工程实践的思路改造知识的运用环节，让学生在工程实践活动中经历一次完整的构思、设计与制作，在活动中除了体会发现问题并及时解决问题的方法外，还学会设计的思维方法，突出动手前先动脑设计，交流后修改设计，制作中调整设计，完成作品后改善设计。在不断改进的过程中，集中促进学生的理性发展；在思考与实践的编码与解码过程中促进学生问题解决能力的提升。

（四）技术准备

材料：USB数据线、KT板、小风扇、绝缘胶布、宽胶布、移动充电宝。

工具：防刻垫板、防割手套、剪刀、美工刀、钢板尺。

三、教学目标

科学知识目标：综合运用水的蒸发、电路连接等方面知识，设计制作便携式干鞋器；了解干鞋器的各部分组成及作用；在设计过程中了解简单结构设计应考虑的主要因素；在制作过程中体会工具的使用技巧，探寻使作品符合要求的有效方法。

科学探究目标：通过设计制作便携式干鞋器的活动，尝试将所学的科学知识与实际问题相结合，提高动手操作能力及分析问题、解决问题的能力和创造能力。

科学态度目标：经历设计制作便携式干鞋器的过程，体验这一过程中遇到的困难，感受解决问题之后获得的喜悦。

科学、技术、社会与环境目标：了解并意识到人类对产品的改进以适应自己不断增加的需求；了解人类的需求是影响科学技术发展的关键因素。

教学重点：设计制作便携式干鞋器。

教学难点：有目的地进行设计，能根据设计图的信息，合理选择材料与工具，并在制作过程中发现问题及时调整与修改设计图。

四、问题框架

核心问题：如何利用风吹法来设计制作一款便携式干鞋器？

问题链：

1. 鞋被弄湿，通常你们是怎么处理的？（怎样快速干鞋？）

2. 在解决户外快速干鞋的问题时，你们觉得哪种方法（加热、风吹、干燥空气）更可行？

3. 如何利用风吹法设计制作一款便携式干鞋器？

4. 利用风吹法干鞋，它的效果可能受哪些因素的影响？

5. 便携式干鞋器的结构包括哪几个部分？（结构设计）

6. 制作干鞋器的具体步骤应该是怎样的？（流程设计）

五、教学流程

教学环节　　　　　　　　教学流程　　　　　　　　　　阶段性目标

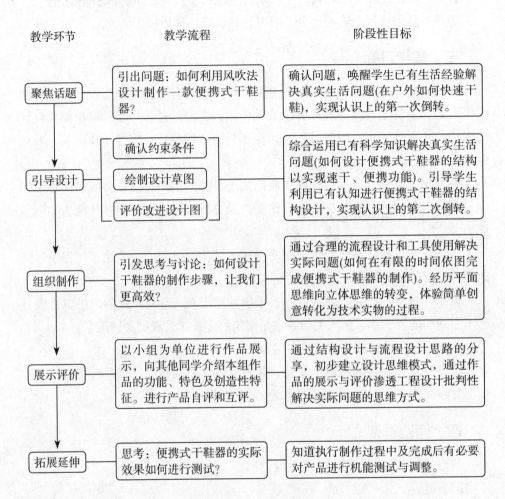

| 聚焦话题 | 引出问题：如何利用风吹法设计制作一款便携式干鞋器？ | 确认问题，唤醒学生已有生活经验解决真实生活问题(在户外如何快速干鞋)，实现认识上的第一次倒转。 |

引导设计：确认约束条件／绘制设计草图／评价改进设计图──综合运用已有科学知识解决真实生活问题(如何设计便携式干鞋器的结构以实现速干、便携功能)。引导学生利用已有认知进行便携式干鞋器的结构设计，实现认识上的第二次倒转。

组织制作：引发思考与讨论：如何设计干鞋器的制作步骤，让我们更高效？──通过合理的流程设计和工具使用解决实际问题(如何在有限的时间依图完成便携式干鞋器的制作)。经历平面思维向立体思维的转变，体验简单创意转化为技术实物的过程。

展示评价：以小组为单位进行作品展示，向其他同学介绍本组作品的功能、特色及创造性特征。进行产品自评和互评。──通过结构设计与流程设计思路的分享，初步建立设计思维模式，通过作品的展示与评价渗透工程设计批判性解决实际问题的思维方式。

拓展延伸：思考：便携式干鞋器的实际效果如何进行测试？──知道执行制作过程中及完成后有必要对产品进行机能测试与调整。

（一）聚焦问题

提出问题：近几年有一项运动特别火爆——户外徒步，很多热爱探险的同学都加入了这项运动，在享受运动快乐的同时也难免遇上这样的尴尬（出示PPT：你的旅行箱里唯一的鞋被弄湿了），不仅自己不舒服还很影响整个团队的行程，通常你们是怎么处理的？（生：加热、风吹、干燥空气。）

在解决户外快速干鞋的问题时，你们觉得哪种方法更实用、更可行呢？（头脑风暴产生可行的解决方案：生1加热的方法不可行，在户外用火烤不安全；生2干燥空气不可行，因为改变空气比改变鞋子更难；生3风吹的方法可行，但是如何解决户外供电的问题？）

如何利用风吹法设计制作一款便携式干鞋器？这节课，我们一起设计制作一款便携式干鞋器。（板书：设计制作便携干鞋器）

【设计意图】确认问题，唤醒学生已有生活经验解决真实生活问题（在户外如何快速干鞋），实现认识上的第一次倒转。

（二）引导设计

1. 确认约束条件

（1）利用风吹法干鞋，它的效果可能受哪些因素的影响？（生1：风速。生2：蒸发面积。）我们在进行设计的时候一定要综合考虑这些因素的影响。

（2）哪些材料的设计可以增大风速？哪些材料的设计更利于增大蒸发面积？请根据自己的设计进行选择和设计。（PPT出示材料及工具，学生根据实际需要进行选择）

（3）提出作品要求：速干、便携。由于我们设计的干鞋器是在户外活动中使用的，除了速干还需要便于携带。

【设计意图】此环节属于原理设计部分，通过回顾水的蒸发和简单电路串、并联方法及原理，引导学生综合运用已有的科学知识解决真实生活问题（如何设计便携式干鞋器的结构以实现速干、便携功能）。

2. 设计草图

（1）教师展示自己设计的干鞋器。"在同学们设计之前，杨老师也想全方位展示一下自己的作品，同学们看看我的设计能否达成速干、便携的目标。"（生1：干鞋器设计的太大，不便携。生2：风扇的角度设计得不合理，只能吹到鞋子的侧面，吹不到鞋里。）

干鞋器

如何在你们的设计中突破这些设计缺陷呢？

（2）小组讨论，确定最佳方案；完成设计草图的绘制，尝试描述设计思路。（学生认识上的第二次倒转）

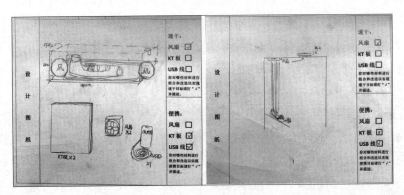

设计草图

从第一组学生的设计图中可以看出，学生的设计具有干鞋器的基本结构（风扇安装面板、支架、供电装置），但受鞋盒子的影响学生把干鞋器设计成全封闭的，使湿的鞋子处于一个不通风的环境中，这样的设计实际上不利于速干目标的达成，因此在评价时教师需要引导学生对全封闭干鞋器的设计展开讨论并提出改进建议。第二组学生的设计就更加趋于合理，有意识地对风扇吹鞋子的角度（通过增大蒸发面积加速水分蒸发）进行了设计，还兼顾了吹干袜子的功能。但是学生的初步设计都没有考虑到便携性，需要在汇报交流环节通过评价的方式改进设计。通过本环节发现学生之间的设计还是有差异的，因此自然过渡到下面环节：评价改进本组设计。

（3）评价改进设计图。（学生经历对干鞋器结构设计）

以组为单位向其他同学介绍本组的设计，在观察和交流的基础上，对他人的想法、草图等提出自己的意见和建议，并能取长补短，有针对性地对自己的设计进行改进。

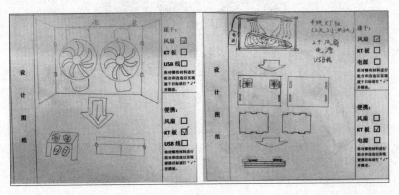

设计草图

从改进后的设计图中可以看出，学生不仅关注到影响速干效果的各个因素（风速、蒸发面积、通风），还能通过可折叠和支架拼插的结构设计来解决便携的问题。

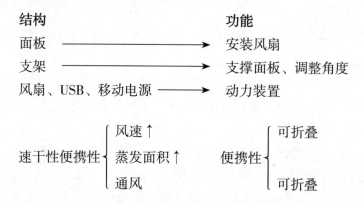

结构	功能
面板 ——————→	安装风扇
支架 ——————→	支撑面板、调整角度
风扇、USB、移动电源 ——————→	动力装置

速干性便携性 $\begin{cases} 风速\uparrow \\ 蒸发面积\uparrow \\ 通风 \end{cases}$ 便携性 $\begin{cases} 可折叠 \\ \\ 可折叠 \end{cases}$

【设计意图】在以往的教学中，往往只重视对学生动手操作能力的提高，却忽视了设计思维的训练，混淆了技术工程领域的科学课与综合实践课。而工程的关键是设计，设计是产品开发过程的核心要素，是制造产品的第一步。本环节学生经历对便携式干鞋器结构的设计，感受设计的重要性以及"每一项设计都需要不断完善"的理念；引导学生综合运用已有科学知识解决真实生活问题（如何设计便携式干鞋器的结构以实现速干、便携功能），实现认识上的第二次倒转。

（三）组织制作

（1）引导学生进行制作前的思考：（学生经历对干鞋器制作流程设计）

①制作干鞋器的面板（考虑鞋的尺码、干鞋的数量、风扇大小进行裁剪）；②制作干鞋器的支架（考虑鞋面的高度、吹鞋的角度、通风、可否折叠）；③黏合面板与支架；④并联风扇；⑤安转风扇；⑥测试。

（2）以小组为单位展开制作，制作过程中发现设计中不完善的地方，及时修改设计方案。教师深入各组巡视，进行基本技法的讲解，发现问题及时纠正与探讨，做必要的指导。

【设计意图】通过合理的流程设计和工具使用解决实际问题（如何在有限的时间内依图完成便携式干鞋器的制作）。经历平面思维向立体思维的转变，体验简单创意转化为技术实物的过程。

（四）展示评价

师：一项伟大的发明即将在我们课堂上诞生了，你们的作品如何打动在座的各位同学和老师，下面就请第一个设计师团队登场。

（1）以小组为单位进行作品展示，向其他同学介绍本组作品的功能、特色及创造性，也可介绍制作中遇到什么困难，是怎样克服的，整个制作过程中有什么收获、体会和感受等。

（2）教师和学生共同对操作过程和作品质量进行评价，最后学生根据评价指标对自己的作品进行打分。

【设计意图】通过结构设计与流程设计思路的分享，初步建立设计思维模式；通过作品的展示与评价渗透工程设计批判性解决实际问题的思维方式。

（五）拓展延伸

今天，我们经历了设计制作便携式干鞋器过程，下节课我们将继续对作品的实际干鞋效果进行测试，关于测试方法你们有什么想法？（生1：称重比较干鞋器使用前后的效果。生2：在鞋表面画上格子，计算格数比较。）

【设计意图】知道执行制作过程中及完成后有必要对产品进行机能测试与调整。

板书设计

设计制作便携式干鞋器

加热
风吹 ——→ 速干 { 风速 / 蒸发面积 / 通风 } 结构 { 面板 / 支架 }
干燥空气

便携　可折叠

六、学习效果评价设计

评价方式及评价量规：以作品要求为标准，通过自我、生生、师生多角度对学生的设计图纸、作品进行多元化评价。

评价量规	层次	标准	评价结果
选择恰当的材料和工具；结构设计合理	层次1	能选择恰当的材料和工具	
	层次2	熟练使用工具对材料进行加工	
	层次3	认识材料形态和结构可以增大物体的功能，认识材料合理使用的重要性，并在作品中有所体现	

续 表

评价量规	层次	标准	评价结果
支架支撑稳定、便于携带；两个风扇能同时工作	层次1	支架能够稳定支撑	
	层次2	两个风扇能同时工作	
	层次3	符合要求，并有创新性	
作品美观、节省材料	层次1	为了达到其他要求，使得作品耗材且不太美观	
	层次2	作品美观，但耗材	
	层次3	作品美观，材料使用适当，认识材料合理使用的重要性	

本教学设计与以往或其他教学设计相比的特点：

（1）通过科学与技术工程问题的有效结合，帮助学生将零碎的知识转变成有效解决实际问题的知识体系。

科学问题源于自然，源于对某一现象的疑问，如水在什么条件下会变成水蒸气？技术工程学则源于需要解决的某个问题，例如怎样让鞋子速干？这两个貌似不相同的问题，其本质却都是水的三态变化问题。本课的教学不是简单地将科学与技术工程组合起来，而是以设计制作便携式干鞋器这个活动为载体，把学生的零碎知识与机械学习过程转变成一个探究世界相互联系的过程。

（2）关注对学生设计思维能力的培养。

在设计制作便携式干鞋器的实践活动中，学生经历了两次设计：结构设计与制作流程设计。通过学生认识上的两次倒转达成了对便携式干鞋器结构的设计（结构的设计：首先，不同性质的技术物需要不同的材料。其次，材料的形状和各种形状的材料构建起结构并实现技术物的功能。最后，技术物的工作或驱动需要动力，本课主要是电力）。在团队的协作中体验制作流程的设计（①制作干鞋器的面板；②制作干鞋器的支架；③黏合面板与支架；④并联风扇；⑤安转风扇；⑥测试）。综上，学生在设计干鞋器的过程中始终在权衡与对比中达成对问题的最佳解决路径，进而丰富和完善自身的设计思维层次；通过对设计自身的不断颠覆与重构以促进思维的发展。

（3）学生的技术体验遵从技术产品的生产过程。

技术产品产生的全过程是依目的进行产品结构设计与生产流程设计，根据设计生产出产品，通过试验进行评估与改进，再通过产品的应用或使用，对产品的功能、效果进行评价。不同于以往对成熟技术产品的模仿，便携式干鞋器的选题因学生实际生活的需要而产生，是一个能够解决真实生活问题的技术产品。从最初的创意到结构的设计，从结构的设计到加工流程的设计，从设计转化为技术产品，最后进行测试评价。学生的技术体验完全沉浸在真实技术产品生产的氛围中。

第六章

6

科学教育加法

将生态文明教育有效融入小学科学课的研究

北京市海淀区育鹰小学　蒋振东

一、问题的提出

生态文明是人类为保护和建设美好生态环境而取得的物质成果、精神成果和制度成果的总和，是贯穿于经济建设、政治建设、文化建设、社会建设全过程和各方面的系统工程，反映了一个社会的文明进步状态。党的十八大以来，党中央、国务院将生态文明建设纳入新时期治国理政理论体系的重要组成部分。在党的十九大报告中十二次提及生态文明，更是将其提升到中华民族永续发展的千年大计这一新的高度，全面开启了社会主义生态文明建设新时代的新征程。

生态文明建设离不开生态文明教育，小学阶段是向学生进行生态文明教育的起始阶段，也是学生树立正确人生观、价值观、世界观的重要阶段。教育部早在2003年就推出了《中小学生环境教育专题教育大纲》，提倡多学科渗透环境教育。2017年天津市教委制定了《关于进一步加强生态文明教育的实施意见》，更是在全市范围内率先将生态文明教育纳入中小学、幼儿园教学计划。在2017版科学课标科学、技术、社会与环境目标中特别提出："初步了解在科学技术的研究与应用中，需要考虑伦理和道德的价值取向；热爱自然，珍爱生命，具有保护环境的意识和社会责任感。"

二、当前小学科学课程生态文明教育现状与问题

（一）国外开展情况

随着新材料、新能源、信息技术的发展，科学与技术在给人类社会带来物质文明和精神文明的同时也产生了很多问题。国外工业化较早的国家早在20世纪就已经意识到生态文明教育的重要性，进行了大刀阔斧的改革。如美国在

20世纪80年代已经确立的科学、技术、社会相结合科学教育的基础上进行了深入的探讨与实践，于1996年推出了美国全国课程标准，将过去的科学、技术、社会（STS）进一步扩展为了科学、技术、社会、环境（STSE）教育思想。体现了其教育界对在发展科技、生产的同时，加强保护人类赖以生存的环境的重视。加拿大教育委员会在1997年颁布了《科学学习目标公共纲要》，也强调了科学、技术、社会、环境（STSE）教育。随后各国纷纷效仿，生态文明教育得到了包括澳大利亚、英国、韩国等国家的重视。

而我国在科学教育中明确生态文明教育则相对较晚。直到2017年新的科学课程标准颁布，环境教育才开始作为科学课程的主要目标受到应有的重视。2017年颁布的《小学科学课程标准》与2001年《全日制义务教育科学课程标准（3–6年级）实验稿》相比较，2017新课标中"环境"一词达45次之多，更为明显的变化是将原情感态度与价值观目标中与技术、社会、环境相关内容专门成章设计了科学、技术、社会与环境目标，作为科学课程总目标的一个维度。明确提出科学课应该培养学生"热爱自然、珍爱生命、具有保护环境的意识和社会责任感"。这都体现了小学科学课程对于生态文明教育的重视。

（二）生态文明教育小学科学教学中实施现状的调查问卷情况

为了更深入了解当前教师对于生态文明教育的认识与实施情况，笔者进行了问卷调查（见附录）。

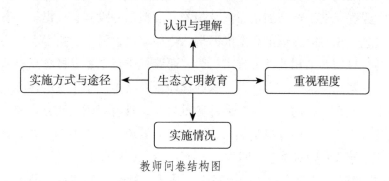

教师问卷结构图

通过问卷笔者发现：虽然随着课改的推进，生态文明教育已经进入教师的视野，但是在实际教育实践中生态文明的教育情况堪忧。

（1）整体重视不足。

"我认为生态文明教育十分重要"反馈情况：

选项	比例
A.完全不符合	0%
B.比较不符合	5.26%
C.比较符合	26.32%
D.完全符合	68.42%

"我清楚地知道STSE教育是什么"反馈情况：

选项	比例
A.完全不符合	31.58%
B.比较不符合	5.26%
C.比较符合	47.37%
D.完全符合	15.79%

对比两个图表可以发现一个比较有趣的现象，教师们几乎都认为生态教育十分重要，但是在"我清楚地知道STSE教育是什么"的反馈中，有31.58%的教师完全不清楚这一概念，还有5.26%的教师只是略知一二，完全了解的仅占15.79%。也就是在实践中很多教师没有对生态教育进行系统的思考与了解。虽然科学课程标准已经增加生态教育相关内容但是并没有直接提出生态教育这一重要概念。相应的篇幅虽有增加但仍然略显单薄，科学、技术、社会与环境目标人类与自然和谐相处部分仅占一段，而课标中18个主要概念只有"地球是人类生存的家园"部分略有涉及。这同样体现在《中国学生发展核心素养》之中，与生态教育有关内容仅"热爱并尊重自然，具有绿色生活方式和可持续发展理念及行动等"。而《科学领域公共核心素养要点》之中生态教育更是完全空缺。这也导致教师对生态文明教育关注不足、重视不足。

"如果时间不够我会首先舍弃科学、技术、社会与环境目标的达成，因为还有概念目标和探究目标呢"反馈情况：

选项	比例
A.完全不符合	0%
B.比较不符合	33.33%

续 表

选项	比例
C. 比较符合	58.33%
D. 完全符合	8.34%

深究原因还是以往教学中对环境教育的忽视，由上表可见，虽然教师都认可生态文明教育重要性，但是以知识传授为主旨的思想影响还是存在，超过一半的教师当时间不充足时首先会舍弃达成科学、技术、社会与环境目标。

当下提及科学教育，教师在设计教学目标时往往更加关注科学概念的建构，而设计情感态度目标时往往简单地归结为探究的精神、严谨的态度、批判质疑精神等更像是科学探究应该具备的精神品质。这本没有错，但如果过于强调科学本身，将小学科学课堂转变为"研究所"。更加"探究"，往往忽略了科学与社会与环境的关系。还有部分科学教师将生态文明教育看作是单纯德育内容，认为这些应该是少先队活动课、思品课的内容。在调查问卷反馈中也有体现——有近三分之一的教师所在学校生态文明教育的主导者是少先队组织。

（2）生态文明教育缺少与中国梦教育相结合。

建设生态文明是关系人民福祉、关乎民族未来的大计，是实现中华民族伟大复兴中国梦的重要内容。开展生态文明教育，不应该单单就生态而谈生态，更应该结合学生身边的生活、周边的实例，社会的热点进行生态文明教育。使学生不单单意识到地球是人类共同的教育，更应该深刻意识到生态文明与自己与城市与每一个中华儿女都有着密不可分的关系，关系着民族的未来。而当前小学科学教育中设计生态文明教育时教师往往只讲"技术"问题，比如泥石流到底是怎样的形成、塑料袋到底有什么危害、化石能源的来源等，而忽视了将其与城市现状和中国国情相结合，把课堂引向社会、引向中国实际、引向更高的高度。

（3）小学科学课中教师对生态文明教育内容选择比较随机，没有恰当途径。

"我知道达成科学、技术、社会与环境目标的具体方法"反馈情况：

选项	比例
A. 完全不符合	5.26%
B. 比较不符合	47.37%
C. 比较符合	42.11%
D. 完全符合	5.26%

"教学中我一般都是先完成科学概念教学目标，如果有时间再补充一些与环境保护有关的内容"反馈情况：

选项	比例
A. 完全不符合	5.26%
B. 比较不符合	15.79%
C. 比较符合	52.63%
D. 完全符合	26.32%

结合以上两表的反馈，笔者发现，很多教师缺少达成科学、技术、社会与环境目标的方法，大部分都采取拓展补充的方式开展生态文明教育。因为授课教师缺少生态文明教育的方法，所以在课堂教学中对教育内容的选择比较随机，主要依靠个人好恶在课堂的尾声添加一些与环境有关的话题作为拓展内容，很少有教师有意识地将生态教育内容纳入教学目标，而针对整单元整册教材内容进行梳理有计划、有步骤地开展生态文明教育更是凤毛麟角。教学形式比较单一，往往是教师讲授、学生讨论、针对教材设计的生态与环境教育单元，教师也往往是引导学生看一看文章、做一做手抄报，形式单一不能吸引学生的兴趣。

三、小学科学课程生态文明教育现状实施策略

（一）抛弃强调科学知识的目标结构体系

将生态文明教育有效地融入小学科学课程之中，就要从思想上重视科学知识的目标体系。将知识目标，探究目标，态度目标，科学、技术、社会与环境目标有机地整合在一起，而不是分别达成逐一教授，更不能只重视知识的传授。而是以培养学生科学素养为目标。要摒弃科学概念和原理的简单的讲授，把其融入学习者的个人经验与文化背景之中。促进学生对科学、技术的社会理解力，并有效地与我国国情与未来发展的愿景目标相结合，既促进学生对当前环境问题的反思，又积极发展学生对实现中华民族伟大复兴的认识。

（二）运用多种统整方式将科学、技术、社会与环境目标落实

（1）以小学科学课标为指导，学习目标中体现生态文明教育。

小学科学课程标准不仅对科学、技术、社会与环境目标进行了具体的要求，而且对知识、能力目标如何渗透环境教育有很多具体建议，教师在进行教学设计时可以依据课程标准系统设计该册教材、该单元、该课的科学、技术、社会与环境目标。

（2）以生态与环境问题为探究活动的背景，引导学生在真实情景中探究建构概念。

教师可以设计一个与科学、技术、社会与环境目标相关的生活情境，可以是与学生生活密切相关的环境问题，也可以是更广阔范围内的环境问题、科学发展史上遇到的环境问题等。统领整个单元的学习或者是某一个概念的学习，或者以与环境目标相关的生活事件作为情境，激发学生的学习兴趣展开探究活动。参考高中地理环境问题情境的设置，小学科学的环境问题设置基本结构如下：

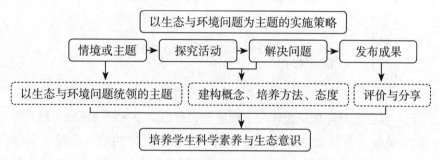

以生态与环境问题为情境培养学生科学素养与生态意识的教学流程

例：教科版科学五年级下册生物与环境单元"做一个生态瓶一课"的教学设计改进。

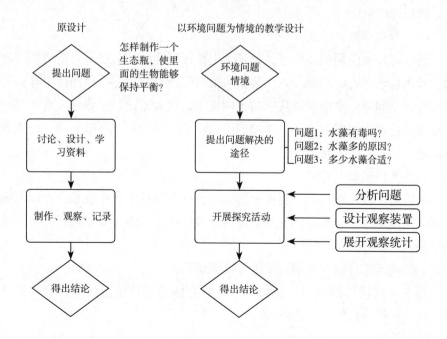

例：以生态与教科版科学五年级下册地球表面及其变化单元部分设计。

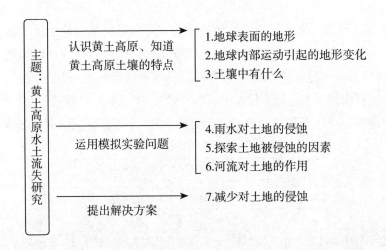

（三）以生态与环境研究作为实践活动，将概念引入解决环境问题之中

这也是很多教师常用的策略，也就是在教学设计的后部分将科学概念引入生活，把学生的视野延伸到社会、自然。但是在实际开展过程中因为教师把这一部分设计得比较靠近一课时的末尾，导致时间仓促，教师往往一句带过。在实际操作中教师可以将这一部分拓展，将这一部分纳入学科实践活动课程之中，这样确保更加充分地展开研究活动。

活动可以包括：

（1）专题辩论与讨论。

设计与环境问题相关议题，引导学生担任不同的角色展开讨论或者辩论活动。运用自己已有的知识并且搜集相关信息展开二次学习。例如讨论雾霾治理与空气污染问题。学生可以从扮演不同角色，比如市民、企业家、管理部门、司机等以这些角度展开思考。学习利用已经掌握的能源、呼吸、空气性质等分析问题并展开二次探究。

（2）实践活动与考察。

可以与学校实践活动、春游秋游等结合或者与社会组织联系，教师组织学生开展实地考察，比如考察冬奥区域的植被保护，或者参观本地区污水处理厂的调查。

（3）将生态环境教育纳入学生评价活动中。

在学生的评价活动中，教师可以有针对性地设计生态环境背景的评测问题，比如比较经典的工厂选址问题。

四、生态文明教育的反思

开展生态文明教育十分重要。随着新课标的发布，教育者与教育管理部门越来越重视生态文明教育。科学教师更加关注将知识目标、探究目标、情感态度目标、科学、技术、社会、环境目标统一整合起来。但是当前的生态文明教育工作还存在很多问题，比如表面化、脱离实际、缺少实践等。还需要教育者展开更加系统的研究。

参考文献：

[1] 周生贤.建设美丽中国走向社会主义生态文明新时代 [J].环境保护，2012（23）：8-12.

[2] 中华人民共和国教育部.义务教育科学课程标准 [M].北京：北京师范大学出版社，2017.

[3] 唐力.现代化学教学论研究与案例 [M].海口：南方出版社，2001.

[4] 陆真，沈婷，钱海滨.从点缀到主角——新世纪科学教育中STSE的课程形式与功能演进 [J].课程·教材·教法，2009（3）：52-56.

[5] 甘露.例谈地理STSE课程问题情境的设置 [J].课程教学研究，2016（7）：67-70.

附：

生态文明教育小学科学教学中实施现状的调查问卷
教师问卷

1. 我清楚地知道STSE教育是什么（　　）

A. 完全不符合　　B. 比较不符合　C. 比较符合　　D. 完全符合

2. 只要条件合适，我经常在我的教学中渗透生态文明教育。（　　）

A. 完全不符合　　B. 比较不符合　C. 比较符合　　D. 完全符合

3. 教学中我一般都是先完成科学概念教学目标，如果有时间再补充一些与环境保护有关的内容。（　　）

A. 完全不符合　　B. 比较不符合　C. 比较符合　　D. 完全符合

4. 我们学校生态教育主要由少先队负责，比如开展环保小队活动、捡拾垃圾等，科学课上很少涉及。（　　）

A. 完全不符合　　B. 比较不符合　C. 比较符合　　D. 完全符合

5. 在生态文明教育时我总是举出身边的实例，告诉学生我国现在的国情。
（　　）

A. 完全不符合　　B. 比较不符合　C. 比较符合　　D. 完全符合

6. 我觉得应该专门用一节课完成一个环保研究，比如研究节约用水，这样效率高，就不用每节课都去思考生态教育了。（　　）

A. 完全不符合　　B. 比较不符合　C. 比较符合　　D. 完全符合

7. 我知道达成科学、技术、社会与环境目标的具体方法。（　　）

A. 完全不符合　　B. 比较不符合　C. 比较符合　　D. 完全符合

8. 如果时间不够我会首先舍弃科学、技术、社会与环境目标的达成，因为还有概念目标和探究目标呢。（　　）

A. 完全不符合　　B. 比较不符合　C. 比较符合　　D. 完全符合

9. 学生在我的课上经常开展针对生活的调查研究。（　　）

A. 完全不符合　　B. 比较不符合　C. 比较符合　　D. 完全符合

10. 我认为生态文明教育十分重要。（　　）

A. 完全不符合　　B. 比较不符合　C. 比较符合　　D. 完全符合

通过小学科学课科学史教育培养学生批判思维策略的研究

北京市海淀区育鹰小学　蒋振东

一、问题的提出

（一）批判思维的重要性

批判性思维是合理的、反思性的思维，其目的在于决定我们的信念和行动。当今社会，创新是一个民族进步的灵魂，一个国家发展的不竭动力。新发展理念，"创新"摆在第一位。创新教育是素质教育的核心，也是当前教育改革的主旋律。对学生创新精神的培养离不开批判思维的建立，理想的批判性思维者要求思考者敢于反潮流，敢于坚持自己认为对的思想，要有高度的独立性，克服"顺从倾向"，这些与创造性人才特征十分相似。

批判思维的著名研究成果指出："理想的批判性思维者喜欢探索、了解全面、信任理性、思想开放、立场灵活、评价公正、诚实面对个人偏见、判断谨慎、愿意重新思考、理解论题清晰、对复杂问题思考有条理、不倦地搜寻有关信息、选择标准合理、考察专注，并且不懈地追求题材和条件容许的最精确的结果。"这些都是学生重要的思维品质。在美国的2061计划中，针对不同年级的学生提出其该具备之批判性思维的能力。

（二）当前小学生批判思维的现状

笔者以海淀区某小学四、五年级学生为例进行了问卷调查，共抽取男女各20人。问卷与反馈见下表。

	不符合	有点符合	很符合
小组讨论时我喜欢发表自己的观点	27%	35%	38%
我会通过实验证明自己的猜想是对是错	12%	47%	41%
实验中我观察到的奇怪现象，肯定是我或者组员做错了	32%	51%	17%
我看到实验结果和其他小组一样，说明我们成功了	14%	47%	39%
我会分析实验表，得出结论	29%	52%	19%

批判思维是一种反省性的辩证思维，它由批判思维能力、知识和意向构成。通过问卷笔者发现，在小学阶段科学教育比较关注学生自主探究、实践检验、分析等能力，所以学生批判思维的能力、知识技能得到了一定程度的发展，但是学生批判思维的意向却还有很多不足。在争议或问题中学生不喜欢寻找问题的原因或者简单把原因归结为意外或者操作失败，不会对问题做全面的考察，更不喜欢把握自己的立场或改变自己的立场。究其原因，这些都源自孩子对教师、书本的依赖。长期以来在其他学科教学中教师经常出现：习题"对答案"、上课"过度引导"、活动"好学生带着后进生"等，在学生潜意识中学习与读书画上了等号，教师的说法与标准答案画上了等号，导致孩子批判思维的意向严重缺失，有的时候教师鼓励孩子说出自己的想法，孩子们却不敢说、不想说，或者是揣摩教师想要什么答案。这也就导致了学生批判思维方法技巧与批判思维意向的不匹配。而著名专家凡西昂认为，批判性思维的教学要想有效，就必须包括专门培养理智美德的做法，不能单纯依靠认知技巧的传授，它们应该同时进行。

（三）当前小学科学课批判思维培养的现状

批判思维要求学生具备不迷信书本、不盲从权威，同时有一个明辨是非的智慧头脑，敢于对所学知识的真实性、精确性、性质和价值进行理性的分析。随着课改的深入，"一言堂"的教学已经逐步减少。在日常的教学中，教师们已经关注到学生批判思维的培养，鼓励学生不盲从。科学课上培养学生批判思维的常见形式有：鼓励学生发言、开展组内辩论等活动，提升学生自信；营造师生平等的师生关系，鼓励不同观点的学生发表自己的观点；实验设计用试误的方法，鼓励学生探究中自主探究，提出观点。

但是更多的是对批判思维方法与能力的培养，批判思维意向的培养比较缺失。有学者早已提出："批判思维不再是某几项思维技能的开发和利用，而是思维技能的综合利用与人格的自我完善。因此它既包括有关的思维技能

（thinking abilities），也包括一系列的人格品质（dispositions）。"

可见批判思维意向培养的重要性。很少有教师把科学史教育有意识地与批判思维的培养结合在一起。在漫长的人类科学史之中，除了传承与继承，很多伟大的发明、发现都离不开批判思维。比如哥白尼的《天体运行论》、维萨留的《人体结构》、达尔文的《物种起源》都离不开批判思维。这些都可以作为培养学生批判思维意向的素材，值得深入研究。

二、基于科学史教育培育小学生批判思维的策略

（一）科学史教育与科学探究相互结合培养学生批判思维

小学科学是以探究为核心，在实践中学生建构科学概念，形成探究能力。让他们像科学家从事科学探究那样来学习科学，领悟科学的真谛，学生在科学学习中的探究与科学家研究自然界的科学探究有相似的特征。在探究中结合科学史教学模式如下：

再现科学家的探究，引导学生建立"求真"的意识："求真"是批判思维中重要的思维品质，它使人们对寻找知识抱着真诚和客观的态度。在科学教学中，通过科学史串联引导学生重新经历科学家发现的过程，从而引导学生建立"求真"意识。

策略如图：

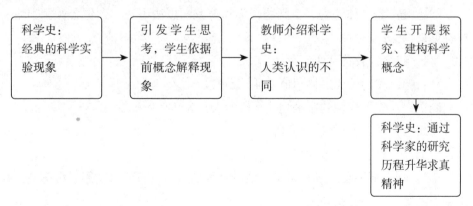

探究结合科学史教育方式

如教科版三年级下"空气有重量吗"一课中结合科学史教学，体现"求真"的设计。"空气有重量吗"一课，主要围绕"怎么样验证空气有重量"这一中心。教师在本节课的主要任务是创设一个情境，给学生一个探究的环境和平台，引导学生自主探究。经过设计之后本课的流程见下图。

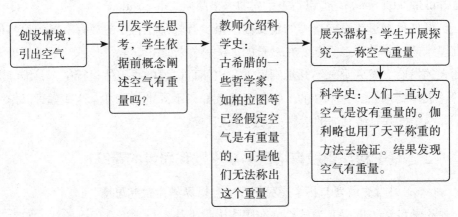

"空气有重量吗"教学流程

课后笔者对学生进行了访谈：

问题一：你觉得伽利略是个什么样的人？为什么？

生1：我觉得伽利略是一个伟大的科学家，因为别人都想不到的事情他想到了。

问题二：他想到了什么？

生1：别人认为空气没有重量，他认为空气有重量，后来他就去测量，就测出有重量了。

问题三：如果你遇到一个问题，你和大家的想法不一样，你会像伽利略一样提出来吗？

生1：我会，看看到底谁对。

师：嗯，我们还要去科学地验证，是吧。

问题一：你觉得伽利略是个什么样的人？为什么？

生2：勇敢的人，他特别爱研究。

问题二：你怎么知道的呢？

生2：别人都说空气没有重量，他没有听别人的。有的科学家说没有办法称出空气重量，他就去想办法。

师：如果你做一个实验，老师说你肯定做错了，你怎么向伽利略学习呢？

生2：我会看看我哪错了。

师：如果发现你的方法全都做得对呢？

生2：那再问问老师。

通过课后访谈我发现，通过科学史的渗透，榜样的"求真"意识已经有一定作用，还需要教师在科学方法上给予引导。同时学生的批评思维意识还不稳定，往往还依赖教师"权威"的验证，这对于三年级学生也比较常见。

又如：教科版四年级上册"骨骼、关节和肌肉"一课。已往的教学教师引导学生提出问题，然后通过各种方式间接认识人的骨骼、关节与肌肉，认识关节时很多教师还采用动物的关节进行观察。经过改进，本课改为通过创设情境引导学生探究，通过科学史教育促进学生间接研究形成科学概念，同时引导学生建立正确科学态度。

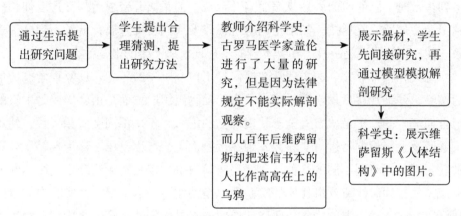

"骨骼、关节和肌肉"教学流程

（二）科学史结合探究方法教育，引导学生提升认知的成熟度

批判思维倾向中，认知的成熟度是学生最为欠缺的。学生的思考往往比较直接，很难做到审慎地作出判断，或暂不下判断，或修改已有判断。通过科学史与探究方法的教育可以引导学生树立一种意识，即遇到问题如何审慎地思考。

一般都采用通过科学史补充或者提示方式开展。如下图。

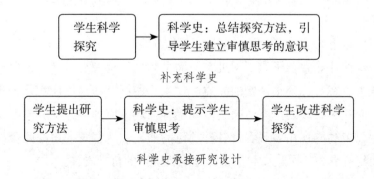

如教科版六年级上册"电能和能量"一课，笔者对教材进行了改编，学生自制电池，体会化学能转化为电能之后笔者加入了一部分科学史教育。

意大利波洛尼亚大学的解剖学教授伽伐尼（1737—1798年）经常利用电击研究生物反应。一次寻常的闪电，使伽伐尼解剖室台上的起电机发生电气火花的同时，放在桌子上与钳子和镊子环连接触的一只青蛙腿发生痉挛，而此时起电机与青蛙腿之间并无导体连接。接着他把青蛙腿的一只脚吊高，再用黄铜钩刺在脊髓上，并使其接触银质的台板，让另一只脚在台板上方自由活动。当它碰到银台时，脚的肌肉就会收缩而离开台板，但是离开台板后却又再度伸长碰到银台，如此反复摇摆。如果将钩与台板改换成同一种金属，就看不到这种现象。他一直认为这是一种由动物本身的生理现象所产生的电，称为动物电。

意大利帕维亚大学的物理学教授伏打（1745—1827年），反复重做伽伐尼的实验，仔细观察后发现电并不是发生于动物组织内，而是由金属或是木炭的组合而产生的。于是伏打完全不使用动物的组织，仅用不同金属相接触，使用莱顿瓶及金箔检电器进行实验，发现在接触面上会产生电压，称为接触压。这种装置可以同时用不同的几种金属提高实验效果，但是总无法产生连续不断的电流。伏打同时注意到伽伐尼的实验中也是使用不同的金属，而实验中的青蛙腿可以看作一种潮湿的物质，所以就使用能够导电的盐水液体来代替动物组织实验，终于发现了电池的原理。

通过这部分科学史的补充，可以很好地引导学生遇到实验现象不要急于下结论，看看实验数据是否可以支持自己的研究，在什么范围内可以成立，学生逐步养成批判思维中，认知的成熟度。

又如：在教科版五年级下册"摆的研究"中加入伽利略研究摆的方法的故事，"相貌各异的我们"补充孟德尔科学严谨的研究过程等。

（三）通过科学发展史渗透引导学生建立批判思维信任理性、公正评判的思维品质

在以往的教学中，教师往往过于注重引导学生对敢于提出疑问人的学习与模仿，这往往导致孩子为了"批判"而批判，质疑一切，又毫无根据，反而使学生缺少了客观、公正评判的品质。学生开展探究活动往往就是"我就是认为……"而缺少有效的研究。通过研究笔者发现，梳理科学发展史可以有效地引导学生以更高的视角客观看待各种理论的变迁。从客观的角度体会当时研究的局限性与有事，从而建立起公正、客观、理性的科学思维。

比如比较明显的如教科版科学"人类认识地球及其运动的历史"一课，

教材比较注重哥白尼提出"日心说"的过程，而往往教师处理中又加入感情色彩，加之对哥白尼被迫害的介绍，导致学生对地心说产生痛恨的心理，不能客观地认识这一理论的价值。在改编时，笔者对教材进行了一定的处理，加入了历史坐标轴。学生会发现，托勒密是公元前160多年的科学家，《天文学大成》被认为是古代天文学的百科全书，然后再介绍文艺复兴的背景，1512年左右，哥白尼才在此基础上有所突破。通过对一系列人物与事件的梳理，学生更加理解了继承与发展的关系，学会了以更客观的眼光看待科学理论。当再审视哥白尼的"日心说"时学生就能从当今人的技术角度去分析了。又如在"谁选择了我们"一课中除了介绍达尔文的进化论，笔者还展示了人们认识进化的历史，从古希腊就已经有，拉马克提出了动物进化是一个缓慢的过程，同时提出了"用尽费退"学说，以及达尔文提出进化论的过程。学生在已经掌握进化论的思想后再来听这些介绍，就可以客观地分析这些理论中不同的贡献与局限。从而锻炼学生客观的评论实物的能力与思维品质。

三、结论

有研究表明批判思维的培养与探究方法的训练并无直接关系。我们应更加重视批判思维意向的培养，提升学生思维的品质。科学史教育可以很好地帮助学生树立榜样，提升学生批判思维的意向。通过探究结合科学史教育可以培养学生"求真"意识，通过探究方法与科学史教育结合可以培养学生认知的成熟度，通过科学发展史教学可以培养学生客观公正的科学思维品质。这些策略都能够有效提升学生的批判思维意识，从而提升学生批判思维的能力。小学科学课中，科学史教育对于学生批判思维的形成有着重要的作用，应该更加重视，逐步形成完善体系。

参考文献：

［1］向光富.国外批判思维研究综述［J］.鸡西大学学报，2012（12）：
31.

［2］Facione，P. The Disposition toward Critical Thinking：Its Character，Measurement，and Relationship to Critical Thinking Skill［J］. *Informal Logic*，2000，20（1）：61–84.

［3］岳晓东.批判思维的形成与培养：西方现代教育的实践及其启示［J］.
教育研究，2000（8）：66.

我国小学科学教育中开展社会情感教育的意义、途径

北京市海淀区育鹰小学　蒋振东

一、SEL教育简述

"社会情感学习"（Social and Emotional Learning，SEL）旨在提升学生的情绪情感与社会技能方面的能力。其目的即完善过去课程过于偏重个体知识与技能发展的功利目标，填补促进人发展的人性目标，以体现非智力因素对学生终身发展的重要作用。其核心即摩尔老师最初引入课堂的"幸福"。帮助儿童认识自我、调整自我、学会沟通，使学生具备更好地适应未来生活的能力，成为一名合格的公民。

早在1994年由美国研究者提出，包括自我意识、自我管理、社会意识、人际关系的技巧、负责任的决策五个核心能力框架。目前欧美国家已经逐步发展出了自己的课程体系，总体来说社会情感培养方式可以分为三类：为提高学生的社交能力和情感能力而设计的独立课程；合作学习和以项目为基础的整合SEL和学科课程；促进SEL的学校组织方式、校园文化建设。

在各国开展SEL的形式也并不相同，有些地区将社会情感作为一门独立课程如英国、澳大利亚。而像美国就更加灵活，学校可以选择开设某一课程，也可以将其与各学科融合。我国2012年引入社会情感教育，开展的形式也十分多样，部分实验项目将课程引入，而一些则与德育教育结合，还有一些则以社会力量开展独立培训课程。

二、国外开展SEL教育的方式与方法

（一）通过校园文化与班级文化发展学生社会情感与社交能力

在欧美，学校十分重视为学习创造一个舒适、支持的环境，营造一个更包容、更健康和更积极的氛围。他们通过班级文化发展学生对自我的认知，为学生提供更加开放的环境。

美国小学中开放人文的教室环境

自我意识就是对自身身体与心理活动的觉察，对自己的认识。包括认识自己的身体状况、心理特征，以及自己与他人与集体的关系认识。在美国的中小学校园文化中十分重视学生认识自己、介绍自己，从而发展自己的个人认知，加强自信。

校园环境中学生介绍与展示自己

在小学与初中的班级中，经常看到教师引导学生怎样使用社交语言，怎样用更积极的词汇鼓励同学，这些都帮助学生在社会交往中运用更恰当的语言互

相鼓励，帮助建立融洽的班级氛围与学习环境，鼓励使用解决冲突的技巧。

诉说、倾听以解决矛盾的技巧，如：

你是否愿意下次垫一张报纸？

向对方说清我看到的情况。

如：我看到我的实验桌上都是水。

向对方说明自己的感受。

如：我觉得这样有点太乱了。

提出自己的希望。

如：我想保持这里干净。

提出请求。

（二）通过项目学习与合作学习等方式发展学生社交能力

在美国中小学，学生的学习活动均采用小组合作的形式，促进学生交流表达的意识，提升学生社交能力，同时又通过不同方式来帮助学生适应项目学习的方式。

在日常生活中，教师常常通过早会引导学生互相问候，开展讨论活动。为了促进学生发言的积极性，教师经常采用各种形式。比如击鼓传花问答，互相阐述自己的想法，小型辩论等各种问与答的对话游戏。

三、社会情感学习教育融入我国小学科学课程的现实意义

小学科学课程标准中明确提出："发展学习能力、思维能力、实践能力和创新能力，以及用科学语言与他人交流和沟通的能力；形成尊重事实、乐于探究、与他人合作的科学态度；了解科学、技术、社会和环境的关系；具有创新意识、保护环境的意识和社会责任感。"倡导合作学习的小学科学课开展SEL教育有着先天优势，同时SEL教育的实施又能反复提升科学课中合作学习的效率。

随着新课标的推出，小学科学新教材的重编，可以看到课堂环节已经摒弃了以往环节过多走流程式的探究过程，降低了部分概念建构的要求，一至三年级已经预留出了很多可以拓展的课时空间，转变以往就概念学概念的课堂正当时。同时开展好SEL教育也可以大大促进学生学习动机、发展学生沟通交流能力，从而帮助学生更好地理解概念，建构以理解为学习目标的课堂。

四、在小学科学课中开展SEL教育的方式

依据"有效SEL框架",教师可以选取课学学课中可以融入SEL教育的内容。

有效的SEL框架
以理论和研究为基础,精心制订计划
通过日常生活形式教授SEL技巧
通过关爱与学校建立联系,参与学校和班级的实践
开设促进发展和适应文化的课程
倡导与学习相协调、统一的整合训练
通过情感和社会方面的学习,利用参与和互动的方式提高在校表现
参与到学校、家庭、社区的群体中
建立起相关的政策和有组织的支持来培养成功
提供高素质的成员发展和支持
明确关键的贯彻实施和可持续发展的因素,包括持续改进、效果评估与传播因素

(一)创造宽松舒适的科学学习环境

小学科学教室

在我国小学科学教室大多数还是以实验室为主要功能的教室设计。因为教师教授班级较多，学生的作品也无法过多地进行展示与发布，教室缺少学生发布见解的大纸张、彩笔等发布工具，而座位的方式也不方便展开讨论与书写报告。所以往往在国内学生小组讨论的结果都以小型记录单上的表格进行记录，然后再通过投影设施展示给同学。这样的好处是方便快速地进行小组展示，但是不利于学生对比观点与学生相互交流。在小学科学课堂融入SEL，教育科学教室可以在教室两端都布置黑板，教室的角落可以布置一些长期展示学生班级记录的区域，在教室固定区域长期储备大纸张与彩笔。学生的桌椅方便移动，可以随时转身开展交流。在授课过程中教师可以引导学生将观点发布粘贴在黑板上。

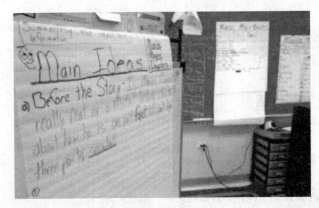

可以移动的整体记录架

为小组准备发布见解的纸张与材料

教室前部与后部更多的具有发布观点的区域

（二）在科学课帮助学生掌握沟通与问题解决技巧

在促进SEL发展的科学课堂中，教师不但要引导学生展开讨论，还要培养学生发表见解与互相评价以及解决分歧的方法。在学生低年级阶段，教师可以重点帮助学生学会使用一些常见词语，张贴在教室里，并在课堂上不断帮助学生使用。

小学低年级阶段培养社会情感用语：

学会礼貌表达	谢谢。 对不起，我想打断一下。 请！
发言起始	请大家听我的发言/对不起，我还想再想想。 我们小组的意见是……
陈述观点	我看到（感受到）……，所以我认为……
寻求帮助	这个问题我没想好……谁来帮助我？ 谁可以帮我补充？
表示同意	他说得很好，我想补充一下…… 我很赞同他关于某方面的说法
表述反对	老师，我不同意他的看法，我认为……

中高年级阶段重点培养学生小组合作中的交流用语：

合作开始	让我们明确一下目标吧，谁来说说我们要研究什么？
展开设计 （设计实验、设计项目）	我觉得解决这个我们可以这样做…… 我认为这方案很好……我们还要注意…… 我不喜欢这个方案，因为…… 我们可能遇到哪些问题？有没有好的办法？

分工	我们有这些事情要做，谁愿意负责_____？ 这个工作有些容易，我可以帮大家做些别的，谁需要帮助？ 我不太擅长这个，能不能再来个同学？
介绍成果	我们收集到了这些信息/我们是这样设计的…… 我们克服了这些困难…… 我们的觉得这方面我们做得很好…… 我们结论是……因为……

在科学起始课帮助学生学习冲突解决的策略，当出现学生矛盾的时候尝试让大家一起观摩怎样通过对话解决矛盾。为了保证正常的教学，这样的展示与训练通常持续时间不长。可以把SEL中冲突解决的培养整合日常的管理之中，既不影响正常的核心课程的学习又减少了问题行为的发生。

培养学生通过这些对话解决矛盾：

说清楚事实	请同学当发生问题时不要发泄自己的情绪，或者直接指责对方，应该说出自己看到了（了解到）什么情况。 例：我发现分发实验用品好像没有我的
说出事实对自己的影响	礼貌地说出事情发生后对自己的影响。 例：这样我可能没法帮助小组完成实验了
对对方提出希望	希望对方从自己的角度，能不能做出改变。 例：可不可以把大家富裕的材料给我一些，这样我能帮助大家

经过长期的培养，学生在科学探究时遇到交往出现的矛盾就不会只会大喊大叫，或者发怒互相推搡，而是尝试用交流解决问题。而教师会因为学生学会处理问题更放心地让学生以小组合作的形式展开学习，减少了边缘人的产生。

（三）教师要鼓励学生表达自己，为学生提供更多机会

李镇西在《人是教育的最高价值》中指出："如果我们承认'儿童是教育的最高价值'，那就意味着教育要尊重儿童的天性、尊重儿童的视角、尊重儿童的需要……而这一切都指向儿童的幸福！"这也给科学教师很多启示：在帮助学生建构科学概念的同时，科学教师应该关注学生的身心发展。科学课堂上，学生发展科学思维、科学方法，但如果教师更应该关注学生作为人的特性，在收集数据、论证实验中，教师通过语言鼓励学生、激励学生，帮助学生建立自信，把课堂转变为学生建立自己概念，不断完善与展示自己认识的课堂，而要摒弃教师展示实验要求，学生展开实验，学生发布结论走流程而缺少互动的课堂。

教师可以通过以下几方面发展学生SEL。

1. 小组讨论

这一实践解决了学生的沟通技巧，为学生提供了一个参与学术演讲的机会。为了有意义地参与课堂讨论，学生应该认真倾听他人的意见，选择自己的想法，并以尊重的方式表示同意或不同意。课堂讨论吸引了学生的社交和自我意识，提高了他们与同学相处的能力。

2. 责任和选择

教师允许学生在多大程度上对自己的工作做出决定？这可能包括制订课堂规范和程序，但也让学生选择如何完成课程和活动。在课堂上提供选择会增加学生对学习的主人翁感，并培养他们负责任的决策能力。

3. 教师语言

教师如何与学生交谈很重要。从SEL的角度看，教师语言应该鼓励学生监控和规范自己的行为，同时提供温暖和支持。教师应起到大的榜样作用，当涉及社交和情感技巧的时候，学生可以向教师学习积极的方法来鼓励他人，表现出同理心，或解决冲突。

（四）改变课堂教学形式，开展以项目学习为方式学学习方式

项目学习："项目学习"或"基于项目的学习"（即Project Based Learning，PBL）。其理论基础是建构主义理论，实用主义理论和发现学习理论。国内学者黎加厚提出："基于项目的学习以学习研究学科的概念和原则为中心，学生通过参与活动项目的调查和研究来解决问题。以建构起他们自己的知识体系，并能运用到现实社会当中去。"在科学课中，教师可以通过设计以大单元为主题的项目学习，帮助学生在一段时间内共同研究同一个主题，在发展学生科学概念的同时，也可以发展学生社会沟通能力。

五、展望

SEL学习还是一个十分新的领域，社会情感学习在国内大部分还依靠道德与法治课与社会机构提供的心理课程等，在小学科学课中融合SEL，不但可以发展学生的社会情感，同时也能够激发学生的学习动机，促进学生学业发展的同时，促进学生身心健康。

参考文献：

［1］崔楠楠.社会情感学习的应用意义及对我国基础教育的启示［J］.长春教育学院学报，2016（12）：16-18.

［2］中华人民共和国教育部.义务教育科学课程标准［M］.北京：北京师范大学出版社，2022.

［3］张爽.美国学校教育中的社会和情感学习［J］.现代中小学教育，2015（9）：114-118.

［4］徐锦生.项目学习：探索综合化教学模式［M］.杭州：浙江大学出版社，2012（3）：19.